TALK | 1

Spanish

AURORA LONGO
& ALMUDENA SÁNCHEZ

Series Editor: Alwena Lamping

D1341317

Published by BBC Active, an imprint of Educational Publishers LLP, part of the Pearson Education Group, Edinburgh Gate, Harlow, Essex CM20 2JE, England.

First published 1998
Third edition 2014
12

ISBN 978-1-406-67896-3

Editor: Sarah Boas
Additional editing: Tara Alner, Cristina Figueredo
Project editor: Emma Brown
Insides design: Nicolle Thomas, Rob Lian
Layout: Pantek Media Ltd. www.pantekmedia.co.uk
Illustrations © Mark Duffin
Cover design: Two Associates
Cover photograph: © iStock.com/rognar
Audio producer: John Green, TEFL tapes
Sound engineer: Tim Woolf
Presenters: Ferran Audi, Isabel Caballero, Carmen Gomaz, Pedro Hernando
Studio: Robert Nichol Audio Productions
Music: Peter Hutchings

www.bbcactivelanguages.com

Printed and bound in China (CTPSC/12)

The Publisher's policy is to use paper manufactured from sustainable forests.

Pearson Education is not responsible for the content of third-party websites.

Contents

Introduction

Welcome to the new edition of **Talk Spanish**, the bestselling course from BBC Active, which has inspired and helped so many people to learn Spanish from scratch and given them the confidence to have a go.

The key to **Talk Spanish**'s effectiveness is the successful **Talk** method, developed by experienced teachers of languages to adult beginners. Its structured and systematic approach encourages you to make genuine progress and promotes a real sense of achievement. The choice of situations and vocabulary is based on the everyday needs of people travelling to Spain.

Talk Spanish includes a book and 120 minutes of recordings of Spanish native speakers. The book in this new edition has several additional features, inspired by feedback from users and teachers. There's an extended grammar section (pages 119–130), a two-way glossary (pages 131–144), covering around 1,000 words, and the ever-popular **Talk** *Wordpower* (pages 127–129), designed to increase your vocabulary fast.

There are also links to the Talk Spanish video clips and activities on the BBC Languages website at www.bbcactivelanguages.com/SpanishVideoLinks. These cover the contents of this book at the same level but in an alternative way, providing additional exposure and reinforcing the language against the background of Spanish culture. Free tutors' support and activities are available online at www.bbcactivelanguages.com.

How to make the most of Talk Spanish

1   Read the first page of the unit to focus on what you're aiming to learn and set it in context while gaining some relevant vocabulary.

2   Listen to the key phrases – don't be tempted to read them first. Then listen to them again, this time reading them in your book too. Finally, try reading them out loud before listening one more time.

3   Work your way through the activities which follow the key phrases. These highlight key language elements and are carefully designed to develop your listening skills and your understanding of Spanish. You can check your answers at any time in the *Transcripts and answers*.

Wherever you see this: **1•5**, the phrases or dialogues are recorded on the CD (i.e. CD1, track 5).

4   Read the *En español* explanations of how Spanish works as you come to them – this information is placed just where you need it. And if you'd like to know more, visit the relevant pages in the *Grammar* section, indicated by the following symbol: **G13** . For an even deeper level of knowledge, there's a separate **Talk Spanish Grammar** book.

5   After completing the activities, and before you try the *Put it all together* section, listen to the conversations straight through. The more times you listen, the more familiar Spanish will become and the more comfortable you'll become with it. You might also like to read the dialogues at this stage – preferably out loud.

6   Complete the consolidation activities in *Put it all together* and check your answers with the *Transcripts and answers*.

7   Use the Spanish you have learnt – the native speaker presenters on the audio will prompt you and guide you through the *Now you're talking!* section as you practise speaking Spanish.

8   Check your progress. First, test your knowledge with the *Quiz*. Then assess whether you can do everything on the checklist – if in doubt, go back and spend some more time on the relevant section.

9   Read the learning hint at the end of the unit, which provides ideas and suggestions on how to use your study time effectively or how to extend your knowledge. Watch the video clips, which are listed below, and follow any links that interest you.

10 Finally, relax and listen to the whole unit, understanding what the people are saying in Spanish and taking part in the conversations.

When you've completed the course, go and use your Spanish and enjoy the sense of achievement. If you want to carry on learning, **Talk Spanish 2** is there waiting for you, as is the **Talk Spanish Grammar**, which is so much more than an ordinary grammar book.

Pronunciation guide

The best way to speak Spanish with a good accent is to listen to the audio often and to imitate the speakers closely.

1   Spanish **vowels** are short and clearly pronounced.

a	e	i	o	u
casa	recto	vino	como	gusta
hat	*pen*	*need*	*not*	*rule*

2   Most **consonants** are similar in English and Spanish, but the following need attention:

b/v	softer than English	**b**ar, **v**ino	*big*
c	+ **e** or **i**	**c**ero	*thin**
	+ all other letters	**c**uatro	*cat*
ch		mu**ch**o	*chair*
d	at start of word	**d**irecto	*dog*
	between vowels softer	a**d**iós	
g	+ **e** or **i** guttural	in**g**eniero	*loch*
	+ all other letters	**g**usta	*gap*
h	always silent	**h**ablar	
j	guttural	**j**amón	*loch*
ll		**ll**amo	*foyer*
ñ		Espa**ñ**a	*onion*
qu		**qu**eso	*kilo*
r	beginning/doubled – trilled	**r**ápido, ba**rr**a	*rose*
	between vowels softer	cama**r**ero	
s	usually soft	ca**s**a	*see*
z		a**z**úcar	*thin**

*in some parts of Spain and in Latin America, *ss* not *th*.

3   Words ending in a vowel or **n** or **s** are stressed on the last but one syllable: **se<u>ñ</u>ora, <u>vi</u>ven**. Words ending in a consonant other than **n** or **s** are stressed on the last syllable: **se<u>ñor</u>, ho<u>tel</u>**. Exceptions are written with accents.

¡Hola!

saying hello and goodbye

introducing yourself

... and getting to know people

En España ... *In Spain ...*

people often use more than one **nombre** *first name*, such as José Luis, and use both their father's and their mother's **apellido** *surname*, for example Sánchez Ibarra. In Spain, though not in Latin America, most married women keep their own name rather than use their husband's.

If you're calling someone by their surname you start with **señor** for a man and **señora** for a woman (often shortened in writing to **Sr.** and **Sra.**).

Saying hello

1 1●02 Listen to these key phrases.

Buenos días.	Good morning.
Buenas tardes.	Good afternoon./Good evening.
Buenas noches.	Good evening.
¿Cómo está?	How are you?
Bien, gracias.	Fine, thanks.
¿Y usted?	And you?

Hola *Hello/Hi* is often followed by
buenos días, etc.

> Hola,
> buenos días.

2 1●03 Listen as Laura Pérez, the receptionist at the Hotel El Greco, greets four clients. What greeting does she use?

Fill in the hotel forms with **señor** or **señora**.

.... **Sánchez**   .... **García**
.... **Gutiérrez**   .... **Robles**

3 1●04 Later, señor García meets señora Sánchez in the conference room at the hotel. Tick the key phrases above as you hear them.

En español ... *In Spanish ...*

if you know someone well, you can address them more
informally. **Tú** is the informal word for *you*. Use **¿Qué tal?** or
¿Cómo estás? to ask how they are.

---

4 1●05 Listen as two friends greet each other.

How does Andrés greet Amelia?

What does Amelia reply?

... and goodbye

5 **1●06** Listen to these key phrases.

Adiós.	Goodbye.
Hasta luego.	See you later.
Buenas noches.	Goodnight./ Goodbye.

> Adiós, buenas tardes.

> Adiós, hasta luego.

Adiós is often followed by **buenos días**, etc. when saying goodbye, to wish someone a nice day.

6 **1●07** Laura Pérez says goodbye to two guests.

How does she say goodbye to señor Rodríguez?
... and to señora Sánchez?

7 **1●08** At 11 p.m. señor García leaves the hotel. Listen and fill the gaps in the conversation.

Laura Pérez ...., **señor García.**
Sr. García ...., ...

8 How would you greet the following people at the times indicated?

11.15	Laura Pérez, the hotel receptionist
14.25	Carlos Ramos, a business colleague
17.50	Fernando, a good friend
21.45	Señora Alameda, an elderly neighbour

9 Now try the following. How would you:

- greet your friend Fernando?
- ask an elderly neighbour how she is?
- say goodbye to Laura Pérez at 5 p.m.?
- say goodbye to Fernando whom you expect to see again later?

Introducing yourself

1   **1•09** Listen to these key phrases.

(Yo) soy ...   I am ...
(Usted) es ...   You are ...

The words **yo** *I* and **usted** *you* are often omitted.

2   **1•10** Laura has a problem getting some of the names of the conference delegates right. Listen and correct any that she has written down wrong.

> Juan Valcárcel
> Carmen Terrás
> Olga López

En español ...

the word for both *no* and *not* is simply **no**:

¿Usted no es Laura Pérez?   *You're not Laura Pérez?*
No, no soy Laura.   *No, I'm not Laura.*
Sí, soy yo.   *Yes, I am.*

Questions are always written with a **¿** beforehand as well as the usual **?** at the end.   **G8**

---

3   **1•11** More delegates are checking in for the conference and introducing themselves. Listen, then fill the gaps.

Javier	**Hola, buenos días. .... Javier Peñalver.**
Luis	**Buenos días, ... Luis Román. ¿Cómo está?**
Javier	**Bien, gracias. Hola. ¿............... usted Gema Miranda?**
Julia	**No, ... Julia Miranda.**

... and getting to know people

4 **1•12** Listen to these key phrases.

¿Cómo se llama?	What's your name? **(usted)**
¿Cómo te llamas?	What's your name? **(tú)**
Me llamo ...	My name is ...
¿Perdón?	Excuse me?
Mucho gusto.	Pleased to meet you.

5 **1•13** Listen as Eduardo Flores meets Mercedes Guillén for the first time, and tick the key phrases you hear.

En español ...

usted and tú both mean *you*. You use:

usted	to someone you don't know well or an older person;
tú	to someone you might call by their first name.

The choice affects other words:

usted	¿Cómo está?	¿Cómo se llama?
tú	¿Cómo estás?	¿Cómo te llamas?

6 **1•14** At the hotel disco, teenagers Alejandra, Paco and Rocío are finding out each other's names. Listen, then recreate the dialogues.

Paco	**Hola. ¿Cómo te llamas?**
Alejandra	**Alejandra. ¿Y tú?**
Paco	**Yo .... llamo Paco. Y ...., ¿cómo .... llamas?**
Rocío	**............... llamo Rocío.**

7 **1•15** As you listen to four brief conversations, note which uses the **usted** form and which uses **tú**.

a .... b .... c .... d ....

put it all together

1 Match the English with the Spanish phrases.

a	How are you?	**Buenas noches.**
b	Pleased to meet you.	**¿Cómo está?**
c	I am …	**¿Cómo se llama?**
d	Fine thanks.	**Soy …**
e	Good afternoon.	**Hola.**
f	See you later.	**Mucho gusto.**
g	What's your name?	**Bien, gracias.**
h	My name is …	**Buenas tardes.**
i	Hi.	**Me llamo …**
j	Good night.	**Hasta luego.**

2 What could these people be saying to each other?

a  c

b  d

3 How would the following people introduce themselves?
   Bear in mind that **g** before **e** and **i** sounds like **ch** in Scottish
   loch, but has a hard sound like **g** in *got* before **a**, **o** and **u**.

   J is always pronounced like **ch** in *loch*.

   Gema García   **Miguel Gila**   **Juan Rodríguez**
   Margarita Guillén **Javier Gutiérrez**

now you're **talking!**

1 **1•16** You are at a conference in the Hotel Villamagna. It's about midday and you sit down at the table. The woman sitting next to you greets you.

- **Buenos días.**
- ◆ Greet her and introduce yourself.
- **Mucho gusto. Yo soy Patricia Fonseca.**
- ◆ You didn't catch her name. Say *Excuse me?*
- **Patricia Fonseca.**
- ◆ Say you're pleased to meet her.

2 **1•17** Later, at 5 p.m., you meet your friend Aurelio with his mother and teenage son.

- ◆ Greet your friend and ask him how he is.
- **Bien. ¿Y tú?**
- ◆ Say you're well.

3 **1•18** Aurelio next introduces you to his mother.

- ◆ Say you're pleased to meet her and ask her how she is.
- **Bien, bien. Gracias.**
- ◆ Say hello to the boy and ask him his name.
- **Jaime.**
- ◆ Say goodbye to Aurelio's mother and wish her a nice evening.
- **Adiós.**
- ◆ Say goodbye to Aurelio. You'll see him later.

4 **1•19** It is now 10 p.m. and you meet Aurelio in a bar.

- ◆ Say hello and good evening.

quiz

1 What greeting would you use at 5 p.m.?
2 What's the Spanish for *See you later*?
3 When do you use **Buenas noches**?
4 To whom would you say **¿Cómo estás?**
5 Would you use **tú** or **usted** with someone you don't know well?
6 What's the difference between **nombre** and **apellido**?
7 How would you say *I'm not Cristina Sánchez*?
8 What are the two ways of introducing yourself?
9 Which phrase means *How are you?*
   ¿Cómo te llamas? ¿Cómo estás? ¿Usted es ...?
10 How do you say you're pleased to meet someone?

Now check whether you can ...

- greet someone correctly during the day – morning, afternoon and evening
- say goodbye at different times of the day
- say who you are
- ask someone's name and give your name
- say you're pleased to meet someone
- ask someone how he or she is
- reply when someone asks you how you are
- ask for clarification if you didn't catch what was said

> When you practise, say the words and phrases out loud. Try to imitate the people on the audio as closely as possible – it helps if you repeat the same thing many times.

¿De dónde eres?

talking about where you're from

... and your nationality

saying what you do for a living

... and which languages you speak

using the numbers 0 to 20

En España ...

the official language is **el español** Spanish, known also as **el castellano** Castilian, because it originated in Castile, the central region of Spain. In certain regions of Spain you will find other languages spoken as well: **el catalán** Catalan in Catalonia, **el vasco** Basque in the Basque Country and **el gallego** Galician in Galicia (northwest Spain). These languages are officially recognised in their regions.

Spanish is also spoken in a large number of Latin-American countries including Argentina, Chile, Peru, Ecuador, Paraguay, Uruguay, Bolivia, Venezuela and Colombia.

Talking about where you're from

1　1●20 Listen to these key phrases.

¿De dónde eres?	Where are you from? **(tú)**
¿De dónde es?	Where are you from? **(usted)**
¿Eres inglés?	Are you English? **(tú)**
Sí, soy inglés.	Yes, I'm English.
... de Londres.	... from London.
No, no soy inglés.	No, I'm not English.
Soy alemán.	I'm German.

2　1●21 Beatriz, a young Spanish teacher, is running a language course for foreigners in Madrid. She asks some of her students where they are from. Note that she asks her questions using **tú**.

Listen and tick the nationalities as you hear them.

	inglés	australiano	alemán
Martin			
Jack			
Peter			

En español ...

there are three main types of adjectives (words describing people or things, e.g. *Spanish*, *married*, *this*, *big*, *red*).

- ending in -o: **americano, italiano**
  The -**o** changes to -**a** when describing females.
- ending in a consonant: **inglés, español, alemán**
  You add -**a** when describing females, and remove any written accents: **inglesa, alemana**
- ending in -e: **canadiense**　　　　　　　　　G4

3　1●22 Mr Smith is at a business conference in Sevilla and asks señor González about himself. Listen and tick which town he comes from:

Madrid　　**Málaga**　　**Murcia**

... and your nationality

4   Match the countries and the nationalities, then work out the feminine forms. Two have been done for you.

francés	italiano	alemán	norteamericano
escocés	canadiense	peruano	galés
irlandés	inglés	español	argentino

país		nacionalidad
Alemania	Germany	*alemán – alemana*
Argentina	Argentina	....
Canadá	Canada	....
Escocia	Scotland	....
España	Spain	....
Estados Unidos	USA	....
Francia	France	*francés – francesa*
Inglaterra	England	....
Irlanda	Ireland	....
Italia	Italy	....
País de Gales	Wales	....
Perú	Peru	....

5   1•23 Listen to the way some of these countries and nationalities are pronounced and repeat them, imitating the speakers closely.

> **En español ...**
>
> **es** means *is, he is, she is, it is* as well as *you* **(usted)** *are*.

6   1•24 Beatriz tells a colleague about some of the students she interviewed. Listen and fill the gaps:

Brigitte es .... **Es de París.**
El Sr. Ager es ...., **de Berlín.**
Steve es ...., **de Edimburgo.**
Anne es de Chicago, es ....

soy	*I am*
eres	*you are* **(tú)**
es	*you are* **(usted)** *he/she/it is*

Saying what you do for a living

1 **1•25** Listen to these key phrases.

¿Qué haces?	What do you do? **(tú)**
¿Qué hace?	What do you do? **(usted)**
Soy arquitecto.	I'm an architect.
¿Eres médico?	Are you a doctor?
No, soy dentista.	No, I'm a dentist.
Es profesor, ¿verdad?	You're a teacher, aren't you?

The word **¿verdad?** means *aren't you?, isn't it?* etc.

2 **1•26** Beatriz asks some of her students what they do for a living. As you listen, work out who is a dentist, who is a doctor and who is an architect.

Estudiante 1 ....

Estudiante 2 ....

Estudiante 3 ....

> **dentista**
> **médico**
> **arquitecto**

En español ...

the words *a* or *an* are not used when talking about your occupation:

Soy estudiante.	*I'm a student.*
No soy diseñador/a.	*I'm not a designer.* (m/f)
Es analista/economista.	*He's/She's an analyst/economist.*

G3

3 **1•27** Listen as Beatriz continues to find out what her students do, then fill the gaps in the conversation.

Beatriz	**¿Qué haces?**
Estudiante 1	....
Beatriz	**Eres contable, ¿verdad?**
Estudiante 2	**Sí,** ....
Beatriz	**¿Y tú? ¿Eres enfermera?**
Estudiante 3	**No,** ....

> **contable** *accountant*
> **enfermera** *nurse*
> **secretaria** *secretary*
> **periodista** *journalist*

... and which languages you speak

4 **1•28** Listen to these key phrases.

¿Hablas español?	Do you speak Spanish? **(tú)**
¿Habla español?	Do you speak Spanish? **(usted)**
Hablo inglés.	I speak English.
Pues ... un poco (de) ...	Well ... a little ...

Words for languages are mainly the same as masculine nationalities.

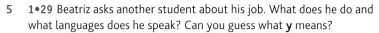

5 **1•29** Beatriz asks another student about his job. What does he do and what languages does he speak? Can you guess what **y** means?

Beatriz	**¿Qué hace?**
Thomas	**Soy ....**
Beatriz	**Y habla inglés y español, ¿verdad?**
Thomas	**Pues, hablo .... y un poco de ....**

Using the numbers 0 to 20

1 **1•30** Look at the following numbers and then listen to them on the audio.

0	1	2	3	4	5	6	7	8	9	10
cero	uno	dos	tres	cuatro	cinco	seis	siete	ocho	nueve	diez

11 **once**	12 **doce**	13 **trece**	14 **catorce**
15 **quince**	16 **dieciséis**	17 **diecisiete**	18 **dieciocho**
19 **diecinueve**	20 **veinte**		

2 **1•31** Rosa is phoning her friend Pablo to find out the winning lottery numbers. Listen and note the numbers you hear.

3 **1•32** Say these numbers in Spanish: **4**, **5**, **10**, **14**, **15**, **17**, then check your pronunciation, listening out for the letters **c**, **qu** and **z**.

put it all together

1   Which answer best fits the question?

a	¿Usted es norteamericano?	Soy de Burgos.
b	¿Eres inglesa?	No, hablo inglés y francés.
c	¿De dónde eres?	Soy médico.
d	¿Qué hace?	Sí, soy de Nueva York.
e	¿Hablas alemán?	No, soy galesa.

2   Marta Sancho is a Spanish accountant from Valencia. How would she fill in the following form?

Nombre: ....   Apellido: ....
Nacionalidad:...
Profesión: ....

3   Fill the gaps using the words from the list on the right.

Pablo	¿................. española?
Rita	No, ... española. Soy italiana.
Pablo	¿De .... eres?
Rita	Soy .... Roma.
Pablo	Y ¿................ haces?
Rita	Soy ....
Pablo	Hablas español, ¿ ....?
Rita	Sí, ... un poco de español.

dónde
qué
hablo
eres
de
no soy
estudiante
verdad

4   Mario Rivero checks in at a hotel in Madrid, but the receptionist seems to have got some details wrong. Answer as if you were Mario.

a   Usted es el Sr. Romero, ¿verdad?
b   ¿Es usted portugués?
c   ¿Es usted de Cascais?
d   Es dentista, ¿verdad?

Mario Rivero
Lisboa
portugués
médico

now you're talking!

1   1•33 Imagine you are Mary, an Irish student from Dublin, studying Spanish in Barcelona. At a party someone asks you questions about yourself. What do you reply?

- **¿Cómo te llamas?**
- **¿Eres inglesa?**
- **¿De dónde eres?**
- **Y hablas español, ¿verdad?**
◆ Say yes. You speak a little Spanish.

2   1•34 You have just been introduced to Patricia Fonseca and she wants to know more about you. Listen and answer her questions. Notice that she uses the **usted** form of the verb.

You need to be able to say:
◆ what nationality you are
◆ where you come from

3   1•35 You would now like to find out more about her.

You ask her:
◆ where she comes from
- **Soy catalana, de Barcelona.**
◆ what she does for a living
- **Soy directora de Marketing.**
◆ and whether she speaks Catalán
- **Sí, hablo catalán y español.**

quiz

1 Do you know in which of the following Latin American countries Spanish is spoken?
   Colombia   Perú   Ecuador   Brasil

2 Where would you expect to hear **el vasco** spoken?

3 How would you ask a young person where she's from?

4 How would you tell someone you're Welsh and from Cardiff?

5 Would a German woman say **Soy alemana** or **Soy alemán**?

6 When asking a young person what he does for a living, would you say **¿Qué hace?** or **¿Qué haces?**

7 If you were a doctor, how would you answer the question **Es profesor, ¿verdad?**

8 Is thirteen **quince**, **trece** or **tres** in Spanish?

9 If **profesora** is a female teacher, what's the Spanish for a female **entrenador** *coach/trainer?*

Now check whether you can ...

- say where you come from
- say what nationality you are
- say what your job or occupation is
- say what languages you speak
- ask others for this information
- use the numbers 0 to 20

When learning new words and phrases, write them out. Whether it's on paper, your phone, a computer or tablet, the actual process of reproducing them helps to fix them in your memory.

Make your vocabulary bank relevant to you and your lifestyle – it's much easier to remember words that are important to you.

Éste es Carlos

introducing someone

giving your phone number

talking about yourself and your family

En España ...

la familia *the family* is still considered very important in Spanish society. Celebration of special events such as **el cumpleaños** *birthday* and **la Navidad** *Christmas* usually involve getting together for a family meal, often in a restaurant. Children are an integral part of these celebrations and are always made welcome in bars and restaurants.

Introducing someone

1 **1•36** Listen to these key phrases.

Éste es Carlos.	This is Carlos.
Ésta es Silvia.	This is Silvia.
Encantado.	Pleased to meet you. (if you are a man)
Encantada.	Pleased to meet you. (if you are a woman)

2 **1•37** Pilar is having a party. Listen as she introduces her friends to each other and complete the dialogues.

Pilar	**Silvia, ... es Beatriz.**
Silvia	**Hola, ¿qué tal?**
Beatriz	**Hola.**
Pilar	**Beatriz, ... es Pepe.**
Pepe	**Encantado.**
Beatriz	**..................**

En español ...

when introducing Mr Pino to someone you refer to him as **el señor Pino** and when introducing Mrs López to someone you refer to her as **la señora López**. **G3**

---

3 **1•38** At a business reception Luis Rodríguez introduces two delegates to each other. How does he introduce Sra. Prados to Sr. Molina?

How does each of them reply?

Luis Rodríguez	**Señor Molina, ...**
Sr. Molina	**..................**
Sra. Prados	**..................**

4 How would you introduce the following people to each other?

- Juan to Isabel
- Antonia to Fernando
- Sr. Anula to Sra. Tirado
- Sra. López to Sr. Mora

Giving your phone number

1   1•39 Listen to some of the following numbers.

20	**veinte**	29	**veintinueve**	38	**treinta y ocho**
21	**veintiuno**	30	**treinta**	39	**treinta y nueve**
22	**veintidós**	31	**treinta y uno**	40	**cuarenta**
23	**veintitrés**	32	**treinta y dos**	50	**cincuenta**
24	**veinticuatro**	33	**treinta y tres**	60	**sesenta**
25	**veinticinco**	34	**treinta y cuatro**	70	**setenta**
26	**veintiséis**	35	**treinta y cinco**	80	**ochenta**
27	**veintisiete**	36	**treinta y seis**	90	**noventa**
28	**veintiocho**	37	**treinta y siete**		

The pattern for 41 to 99 follows that of 31 to 39.

2   1•40 You will hear all but one of the following numbers. Which one?

25   46   67   38   94   77

En España ...

phone numbers are usually said as follows:
4 15 92 53
el cuatro/quince/noventa y dos/cincuenta y tres
You can also give phone numbers in single digits.

---

3   1•41 Listen as Sra. Prados calls directory enquiries and write down the phone numbers you hear after the phrase **Tome nota** *Take note*.

Iberia   ....

Sr. Pérez   ....

4   Say the following phone numbers out loud. Then try saying your own number.

- 2 35 51 10   - 5 19 17 77   - 0182 834 9256

Talking about yourself

1 1•42 Listen to these key phrases.

¿Estás casado/casada? Are you married? (m/f) **(tú)**
¿Está casado/casada? Are you married? (m/f) **(usted)**
Sí, estoy casado/casada. Yes, I'm married. (m/f)
Estoy divorciado/a. I'm divorced. (m/f)
Estoy soltero/a. I'm single. (m/f)

A man is **casado**, a woman is **casada**.

2 1•43 At the party, Beatriz chats to her fellow guests. Listen and work out who is married and who is not.

	casado/a	soltero/a	divorciado/a
Luis			
Elena			
Juan			

En español ...

soy and **estoy** both mean *I am*, but are used in different ways.

Use **soy eres es** (from **ser** *to be*)
to say who you are, where you're from,
what you do for a living

Use **estoy estás está** (from **estar** *to be*)
to say you're single, married, well, etc. G10

---

3 1•44 At the reception, Luis Rodríguez is still talking to Sra. Prados and Sr. Molina. How does Sra. Prados say she is married? How does Sr. Molina introduce his wife?

4 How would you introduce your husband to someone? And your sister?

mi mujer	*my wife*
mi marido	*my husband*
mi hija	*my daughter*
mi hijo	*my son*
mi hermana	*my sister*
mi hermano	*my brother*

... and your family

5 1●45 Listen to these key phrases.

¿Tienes hijos?	Do you have any children? **(tú)**
¿Tiene hijos?	Do you have any children? **(usted)**
Sí, tengo un hijo.	Yes, I have a/one son.
... y una hija.	... and a/one daughter.
¿Cuántos años tiene?	How old is he/she?
Tiene veintinueve años.	He/she is 29.

Tener *to have* is used to talk about age: **Tengo 23 años** *I have 23 years, i.e. I'm 23;* **tiene 8 años** *he's/she's 8.*

6 1●46 Luis asks Sr. Molina if he has any children. Note that **uno** changes to **un** before a male and **una** before a female. Tick the key phrases as you hear them.

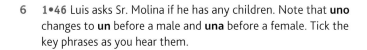

En español ...

when talking to someone about a third person, questions are often identical to those relating to **usted**:

¿Cómo se llama?	*What's your name?/What's his/her name?*
¿Cuántos años tiene?	*How old are you?/How old is he/she?*

The context usually makes the meaning clear, but if necessary the words **usted**, **él** *he* or **ella** *she* can be added, either before or after: **¿Cómo se llama usted?**   **¿ Ella, cuántos años tiene?**   **G5**

7 1●47 Beatriz asks Isabel if she has children. How does Isabel give her daughter's name? And her age?

Beatriz	**¿Tienes hijos?**
Isabel	**Sí, tengo una hija.**
Beatriz	**¿Cómo se llama?**
Isabel	.... **Carmen.**
Beatriz	**¿Cuántos años tiene?**
Isabel	....

> **tengo** *I have*
> **tienes** *you have* **(tú)**
> **tiene** *you have* **(usted),**
>   *he/she has*

put it all together

1   Ésta es la familia Tirado.

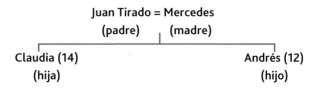

Now complete the following sentences about his family as if you were Juan, by ticking the right boxes.

a **Estoy**   casado   soltero

b **Mi mujer se llama** Claudia   Mercedes

c **Mi hijo se llama** Andrés   Fernando

d **Tiene**   doce años   catorce años

2   How would Claudia introduce (*a*) her mother,
    (*b*) her father and (*c*) Andrés to her friend Manuel?
    How would he reply?

3   A group of students at a language school were asked to complete a form giving their ages and where they are from. How would they introduce themselves in class?

a   Giulia   24 años   Milán
b   Philippe   27 años   Toulouse
c   Alice   19 años   Cardiff
d   Peter   23 años   Belfast

4   Would you answer **Sí** or **No** if you were asked these questions?

¿Está casado? or **¿Está casada?**
¿Tiene hijos?

If **Sí**, can you provide details, giving their names and ages?

1   **1•48** Read these questions and then be guided by the audio. Answer as if you were Concha Lallana, married to Ian and with two children – Arturo (22) and Daniela (25). Note that **su** means *your* in this conversation.

- **Buenos días. ¿Cómo se llama?**
- **¿Está casada?**
- **¿Tiene hijos?**
- **¿Cómo se llama su hijo?**
- **¿Cuántos años tiene Arturo?**
- **Y su hija, ¿cómo se llama?**
- **Y, ¿cuántos años tiene?**

2   **1•49** You are in a bar in Spain and a woman comes over to talk to you. Listen and join in the conversation using the informal **tú** form.

You need to know how to:
- ◆ say your name
- ◆ say whether you are married or otherwise and ask if she is married
- ◆ ask if she has children
- ◆ ask what her son's name is
- ◆ ask how old he is

quiz

1 How would you introduce Mr Pacheco and Mrs Conde to your mother?

2 If you're a woman, how would you reply when you're introduced to someone? And if you're a man?

3 In Spanish, how many words make up the numbers **25** and **45**?

4 What is the Spanish expression for *I'm single* if you are a man?

5 Which of the following means *my daughter*?

   mi madre   mi hija   mi mujer

6 To ask a child how old he is, would you say

   ¿Cuántos años tienes? or **¿Cuántos años tiene?**

7 Can you say how old *you* are in Spanish?

8 Give the sum in Spanish of **quince, seis** and **setenta y ocho**.

Now check whether you can …

- introduce someone – male or female
- use the numbers 20 to 99
- say your phone number in Spanish
- ask whether someone is married and say if you are married, etc.
- ask whether someone has children and say if you have children
- ask and say how old someone is
- say how old you are

A good way to practise introducing members of your family is to find a family photograph with lots of people in it – perhaps a wedding group. Pointing to each person, say who they are:

e.g. **Ésta es mi madre.**   **Éste es mi padre.**

The following additional words might come in useful:

tío, tía *uncle, aunt*   **abuelo, abuela** *grandfather, grandmother*

Un café, por favor

ordering a drink in a bar

offering, accepting or refusing a drink or snack

paying the bill

En España ...

a polite way of attracting the attention of **el camarero** *the waiter* in a bar is to say **Oiga, por favor**. You don't need to pay for your drinks at once – it is quite normal to wait until you are ready to leave. It's not necessary to leave **una propina** *tip*, although Spaniards tend to tip the waiter if their drinks and snacks are brought to the table or if the service is good.

Ordering a drink

1　**1•50** Listen to these key phrases.

¿Qué va a tomar?	What will you have?
Un café con leche.	A white coffee.
Un vino blanco.	A glass of white wine.
para mí	for me
por favor	please
Ahora mismo.	Straightaway.

2　**1•51** Listen as Luis orders a drink in the Bar Alegría. What does he order? Tick the key phrases as you hear them.

3　**1•52** Lola and Fernando order **una cerveza** *a beer* and **un vino tinto** *a glass of red wine.* Can you say who orders what? As the waiter is talking to more than one customer, he asks them **¿Qué van a tomar?**

Lola	**Oiga, por favor.**
Camarero	**Sí. ¿Qué van a tomar?**
Lola	……………….
Fernando	**Y para mí, ……………….**

En español …

all nouns (not just those referring to people) are either masculine (m) or feminine (f), and this affects words for *the* and *a*. The words for *a* are:

un before a masculine noun:

> **un vino, un té, un café**

una before a feminine noun:

> **una cerveza, una sangría**

Most nouns ending in **-o** are masculine while the majority of nouns ending in **-a** are feminine.

When you learn a new noun, try to remember whether it is masculine or feminine.

G1, G3

... in a bar

4   1•53 Ana and her colleagues are having a drink after work. Read the menu card then listen and fill the gaps in the dialogue.

un café solo	*black coffee*
un café cortado	*black coffee with a dash of milk*
un zumo de naranja	*orange juice*
un té con limón	*tea with lemon*
un refresco de limón	*lemon drink*
un batido de chocolate	*chocolate milkshake*
un agua mineral con gas	*sparkling mineral water*
un agua mineral sin gas	*still mineral water*
un cubalibre	*rum and coke*
un vermú	*vermouth*

Camarero	**Buenas tardes. ¿Qué van a tomar?**
Ana	**Para mí, ……………. ¿Y tú, Luis?**
Luis	**Yo, …………….**
Carmen	**Y …………… para mí.**

5   1•54 Rosa and Antonio are with their two children in a café. Listen and note what they order. What do you think **también** means?

Rosa	……………………	*Óscar*	……………………
Eva	……………………	*Antonio*	……………………

6   Order the following drinks for your friends – not forgetting to add a drink for yourself!

- a white coffee
- an orange juice
- a beer

Offering, accepting or refusing

1   **1•55** Listen to these key phrases.

¿Qué quieres tomar?	What would you like? **(tú)**
¿Quiere tomar algo?	Would you like something? **(usted)**
Sí, gracias.	Yes, please.
No, gracias.	No, thank you.

En español ...

to make a noun plural:

add   -s to a noun ending in a vowel:

> un café   dos cafés
>
> una cerveza   cuatro cervezas

add   -es to a noun ending in a consonant:

> un bar   dos bares

G2

---

2   **1•56** Álvaro is in the Bar Madrid when his friend Marta arrives. How does he offer her a drink? And how does he order two beers?

3   **1•57** Two clients are waiting to see Sr. López, and his secretary offers them a drink. She uses the **usted** form **quiere**. Fill the gaps.

Does the first client prefer his tea **con o sin azúcar** *with or without sugar*?

Secretaria	**¿Quiere tomar algo? ¿Un té, un café?**
Cliente 1	……………. **Un té con limón.**
Secretaria	**¿Con azúcar?**
Cliente 1	…………….
Secretaria	**¿Y usted?**
Cliente 2	**Para mí, agua, por favor.**

4   **1•58** Luis is offering two people drinks. Does he use the **tú** or the **usted** form? What drinks do they each want?

... a drink or snack

5 1•59 Listen to these key phrases.

¿Quieres comer algo?	Would you like to eat something?
Un bocadillo de jamón.	A ham sandwich.
Un bocadillo de queso.	A cheese sandwich.

Spanish bars often have a good variety of snacks and **tapas**, such as **aceitunas** *olives*, **tortilla de patata** *potato omelette*, **calamares** *squid* and **patatas fritas** *chips*.

6 1•60 Listen as Anabel and her friend Jorge order some food. What do they order?

Paying the bill

1 1•61 Listen to these key phrases.

¿Cuánto es?	How much is it?
Un euro diecinueve.	1 euro 19 (cents).
Son tres (euros) cincuenta.	It's 3.50 euros.
Son noventa y cinco céntimos.	It's 95 cents.

En España ...

the currency is the **euro** (€). Between euros and cents (**céntimos**) a comma, not a decimal point, is used. You'll hear different ways in which euro amounts are expressed: **2,40 €** *two euros forty cents* may be either **dos euros cuarenta** or simply **dos cuarenta**.

---

2 1•62 Listen and fill in the prices. How much were the total bills?

2 cafés	_____ €
1 zumo de naranja	_____ €
Total	_____ €

2 cervezas	_____ €
1 bocadillo	_____ €
Total	_____ €

put it all together

1 **Un** or **una**?

Sort these words into the appropriate columns.

café	agua mineral	zumo	cerveza	vino
cubalibre	tónica	refresco	sangría	té

un	una

Now try to order two of each of them.

2 Complete the dialogue with words from the box:

Camarero	¿................. van a tomar?
Carlos	.... cerveza.
Julia	Y ...., un café. Andrés, ¿qué .... tomar?
Andrés	Un batido .... chocolate.
Julia	................., por favor. ¿Cuánto ....?
Camarero	.... 3,40 euros.

son
una
quieres
oiga
qué
es
de
para mí

3 Say these prices in Spanish.

a 1,75 €   un euro .... y cinco
b 4,99 €   cuatro .... y nueve
c 2,54 €   dos cincuenta y ....
d 3,18 €   ....
e 15,50 €   .... cincuenta
f 25,20 €   ....

now you're talking!

1 1•63 Your friends Fernando and Patricia join you at the bar.

   ◆ Ask Fernando what he'd like to drink.
   ● **Un vino tinto.**
   ◆ Now ask Patricia what she'd like to drink.
   ● **Un refresco de limón.**
   ◆ Call the waiter.
   ● **Buenos días, señores. ¿Qué van a tomar?**
   ◆ Order the drinks for your friends … and order a red wine
     for yourself.
   ● **Muy bien, ahora mismo.**
   ◆ After finishing your drinks, ask the waiter how much it is.
   ● **Son cuatro diez.**

   For conversations 2, 3 and 4 make sure you know the words
   and phrases for the following situations, then close your book
   and be guided by the audio.

2 1•64 Sr. and Sra. Martínez have just been introduced to you.
   Since this is a formal working situation you use the **usted**
   form. First you ask Sra. Martínez what she'd like to drink.
   Then, when she has told you what she'd like, you ask Sr.
   Martínez.

3 1•65 At a friend's house you are offered a coffee. You accept
   and ask for a black coffee, and say *without milk but with sugar*
   when asked.

4 Imagine you are at a Spanish bar with your friends and/or
   family. How would you order drinks for them?

quiz

1 Can you rearrange these words to form a sentence?

por favor   cervezas   dos   oiga

2 In a bar, how would you order an orange juice?

3 When offering a drink to a friend, would you say **¿Quiere tomar algo?** or **¿Quieres tomar algo?**

4 If someone offers you a drink, how do you say *Yes, please*?

5 Which of the following words is the odd one out?

batido   café   azúcar   vino   cerveza

6 How would you ask for a coffee with a dash of milk?

7 In response to **¿Qué va a tomar?** say *A beer for me*.

8 Could you order two of each of the following drinks and snacks?

té   vino   cerveza   café   bocadillo

9 Is **setenta y seis** 77, 67 or 76?

10 How would you say *for my son* in Spanish?

Now check whether you can ...

- politely call the waiter
- order a drink or drinks in a bar
- offer a drink to a friend, and to a client
- accept or refuse a drink
- ask how much something is
- understand and use some prices with euros

Use every opportunity to bring your learning of Spanish into everyday life. Every time you buy something to drink in a restaurant, bar or supermarket, think of the word in Spanish and see how many other names of drinks you can remember.

Repaso 1

1 **1•66** Listen as Beatriz talks to one of her new students, Rodolfo Nero, then tick the right information.

a	**Es**	☐ italiano	☐ español
b	**Es de**	☐ Oviedo	☐ Orvieto
c	**Es**	☐ ingeniero	☐ enfermero
d	**Está**	☐ casado	☐ soltero
e	**Su mujer es**	☐ galesa	☐ escocesa
f	**Es**	☐ profesora	☐ diseñadora
g	**Tiene**	☐ un hijo	☐ una hija
h	**Su hijo tiene**	☐ siete años	☐ seis años

2 **1•67** After their first class you overhear two students getting to know each other. Listen to their conversation and fill in the missing details.

nombre	nacionalidad *nationality*	edad *age*	hermanos *brothers/sisters*
Isabel			
Paul			

3 **1•68** Isabel and Paul decide to have a drink together and go to the bar. Work out what they have to drink, and their phone numbers.

	bebida *drink*	teléfono *phone number*
Isabel		
Paul		

4 **1•69 ¿Cuánto es?** Before leaving the bar Paul and Isabel ask the waiter how much they owe. Make a note of how much each drink costs.

cerveza: .... **euros**   **café:** .... **euros**

5 **1•70** Say the Spanish for the following amounts in euros, then listen to the audio to check your answers.

1,27   3,12   7,91   8,45

6 **1•71** Practise pronouncing the names of these well known Spanish wine regions, then check your pronunciation with the audio.

Rioja	Valdepeñas	Jerez
Penedés	Cariñena	Chacolí de Vizcaya
Navarra	La Mancha	Ribeiro

7 **1•72** Listen to some of the interim results from the Eurovision Song Contest. Fill in the missing numbers and work out what all the countries are.

Dinamarca	23	Suiza	
Grecia		Bélgica	
Noruega	18	Holanda	
Suecia			

8 Choose the right expression.

¡Oiga, por favor!

Mucho gusto.

Hasta luego.

Bien, gracias.

Hola, buenos días.

Sí, gracias.

a Accepting a drink.
b Calling the waiter's attention.
c When introduced to someone.
d In reply to ¿**Cómo estás?**
e Greeting a shop assistant.
f Saying *See you later*.

9   The waiter at a bar in Valencia has asked you if you would help his sister who wants to apply for an English course in London. What are the questions you would need to ask her before you could fill in this form for her?

Name: ....

Age: ....

Occupation: ....

Married/Single: ....

a   ....

b   ....

c   ....

d   ....

10   Fill the gaps in these sentences.

Ésta es mi _ _ _ _ _, Carmen.

Una mujer de Irlanda es _ _ _ _ _ _ _ _ _.

¿Quieres un café? – Sí, _ _ _ _ _ _ _.

_ _ _ _ es mi hermana.

_ _ _ _ _ _ días.

Mi amigo no está casado. Está _ _ _ _ _ _ _.

Un _ _ _ _ con leche.

_ _ _ _ _, hasta luego.

¡Oiga, por _ _ _ _ _!

What is the word in the shaded column and what does it mean?

11 Una familia artística

Read the following profile of Andrés Ribera which recently appeared in a journal for learners of Spanish. Then say whether the questions which follow are **verdadero** *true* or **falso** *false*.

Andrés Ribera es fotógrafo. Es catalán, de Barcelona. Tiene 44 años. Está casado con Paula, que es italiana, de Roma. Es pintora. Tiene dos hijos: Ariana, su hija, tiene quince años, y su hijo Ezio tiene dieciocho años. Su hermana Vitoria es diseñadora. Su hermano Ricardo es arquitecto.

a   Andrés is a photographer from Barcelona.
b   He is married with two sons.
c   His wife is Italian.
d   His brother is a designer and his sister an architect.

> **casado con** *married to*
> **que es** *who is*
> **su** *his*
> **diseñadora** *designer*

12 How would Andrés describe himself? Here is the same article but some of the words have been omitted. Complete the description as if you were Andrés.

.... **fotógrafo.** .... **catalán, de Barcelona.**
.... **44 años.** .... **casado con Paula, que es**
italiana, de Roma. Es pintora. .... **dos hijos: Ariana,**
.... **hija, tiene quince años, y** .... **hijo Ezio tiene**
dieciocho años. .... **hermana Vitoria es diseñadora.**
.... **hermano Ricardo es arquitecto.**

Perdone, ¿dónde está el museo?

asking where something is

... and asking for help to understand

saying where you live and work

En España ...

el centro *the centre* of an old town is usually to be found in la plaza Mayor *the main square* and the calles *streets* which radiate from it. The old part often retains much of its original character and architecture, and many historic buildings now house modern institutions such as el ayuntamiento *the town hall*, la comisaría *the police station* and la oficina de turismo *the tourist office*. Away from the centre are the more modern urban developments with their wide avenidas *avenues*, like the barrio del Ensanche in Barcelona and the barrio de Salamanca in Madrid.

Asking where something is

1   1●73 Listen to these key phrases.

Perdone.	Excuse me.
¿Dónde está …?	Where is …?
¿Está lejos?	Is it far?

2   1●74 Chema has just arrived in town and asks his friend María to point out some landmarks on his map. Look at the map and check the meanings of any words you don't know in the glossary.

Now listen and match the buildings with the phrases below. Note that **estar** is used to say where a place is.

a …………… **está aquí** *here*   b …………… **está allí** *there*
c …………… **está en la plaza Mayor**   d …………… **está cerca** *near*
e **está en la calle Rueda** *in Rueda Street*

En español …

the words for *the* in the singular are:
el   before a masculine noun
     el museo *museum*   **el teatro** *theatre*
la   before a feminine noun
     la catedral *cathedral*   **la estación** *station*   G3

... and asking for help to understand

3 **1•75** Listen to some numbers between 100 (**cien**) and 1000 (**mil**).

101	**ciento uno**	150	**ciento cincuenta**
200	**doscientos**	300	**trescientos**
400	**cuatrocientos**	500	**quinientos**
600	**seiscientos**	700	**setecientos**
800	**ochocientos**	900	**novecientos**

4 **1•76** How would you say the following?
100 metres   150 metres   250 metres   500 metres

5 **1•77** Now listen to these key phrases.

¿Dónde están las tiendas?	Where are the shops?
... a diez minutos a pie.	... 10 minutes' walk.
No entiendo.	I don't understand.
¿Puede repetir?	Could you repeat that?
De nada.	You're welcome.

6 **1•78** Listen as María asks a man where the shops are. How does she indicate she hasn't understood? And how far away are the shops?

En español ...

the words for *the* in the plural are:

los	before a masculine noun	los teatros, los bares
las	before a feminine noun	las tiendas,
		las ruinas prehistóricas

G3

---

7 How would you ask where the following are?

- the cathedral
- the tourist office
- the museum
- the bars

Saying where you live

1   **1•79** Listen to these key phrases.

¿Dónde vives?	Where do you live?
Vivo ...	I live ...
... en Sevilla.	... in Seville.
... en la plaza de Setúbal.	... in Setubal Square.
... en el centro.	... in the centre.
... en las afueras.	... in the suburbs.
... en un pueblo.	... in a town.

2   **1•80** Ricardo asks three people he meets in **Sevilla** where they live. Listen and decide who lives where. Listen particularly for the way in which the letter **v** is pronounced.

	el centro	las afueras	un pueblo
Luisa			
Jaime			
Olga			

3   **1•80** Listen again to the last conversation, this time noting how they each describe their homes. (**mis padres** = *my parents*)

Luisa ....

Jaime ....

Olga ....

> **un piso** *apartment, flat*
> **una casa** *house*
> **un chalet** *modern detached house*

4   **1•81 ¿Cuál es tu dirección?** Ricardo asks each of his new friends for their **dirección** *address*. Listen and make a note of the street numbers, which in Spain are usually written after the name.

Luisa   **Avenida Esparteros,** ....

Jaime   **Plaza de Roma,** ....

Olga   **Calle Mayor,** ....

... and work

5 1•82 Listen to these key phrases.

¿Dónde trabajas?	Where do you work?
Trabajo ...	I work ...
... en una oficina.	... in an office.

6 1•83 Ricardo asks his friends where they work. Complete the grid.

	una tienda *shop*	una escuela *school*	una empresa de contabilidad *accountancy firm*
Luisa			
Jaime			
Olga			

En español ...

to show <u>who</u> is doing something, you change the ending of the verb. You occasionally need the words for *I*, *you*, *he*, etc. for clarity or emphasis.

		trabaj**ar** *to work*	viv**ir** *to live*
I	(yo)	trabaj**o**	viv**o**
you	(tú)	trabaj**as**	viv**es**
you	(usted)	trabaj**a**	viv**e**
he/she	(él/ella)	trabaj**a**	viv**e**

The pattern of the endings depends on the ending of the dictionary form (infinitive), here **trabaj**ar or **viv**ir.

G5

---

7 1•84 Ricardo meets an old friend whom he hasn't seen for a long time. What do you think **ahora** means? Listen and fill the gaps.

Ricardo	**¿Dónde** ....**?**
Ángela	**En una empresa de telecomunicaciones.**
Ricardo	**Vives en la plaza del Olivar, ¿verdad?**
Ángela	**No, ahora** .... **en la calle Goya.**

put it all together

1 Do you know which words to use for *the*?

   a .... bar   .... teatro   .... catedral

   b .... pueblos   .... ciudades   .... afueras

   c .... cerveza   .... té   .... café

   d .... padre   .... madre   .... hijos

   e .... calle   .... plaza   .... avenida

2 Match the answers to the questions to form a conversation.

a	¿Dónde vives?	Está aquí en el centro.
b	¿Dónde está la calle Colón?	Trabajo en un hospital.
c	¿Está lejos?	No, soy enfermera.
d	Y, ¿dónde trabajas?	No, está en las afueras.
e	¿Eres médico?	Vivo en la calle Colón, 75.
f	¿El hospital está cerca?	No, está muy cerca.

3 Complete these sentences with the right forms of **vivir**:

   a ¿Dónde .... tú?
      .... en la plaza Mayor, 67.

   b Ian, usted .... en Escocia, ¿verdad?
      Sí, ... con mi hermano en Edimburgo.

   c Mari Cruz .... en un piso en el centro.

   and **trabajar**:

   d Sr. Pérez, ¿dónde .... usted?
      .... en una empresa de contabilidad.

   e Laura, ¿ .... en una oficina?
      No, ... en una escuela. Soy profesora.

   f Jaime .... en un bar.

now you're talking!

1 1•85 You've just arrived at the station in Hermosilla to visit some friends.

- ◆ Ask the man at the information desk where calle Carneros is.
- ● **Está en el centro del pueblo.**
- ◆ Thank him and ask if it's far.
- ● **No, no está muy lejos – a quinientos metros.**
- ◆ You didn't catch that. Ask him to repeat it.
- ● **A quinientos metros.**
- ◆ Thank him and say goodbye.

2 1•86 After visiting your friends you have a coffee at the Café Solana. One of the locals talks to you. You might like to prepare your answers beforehand and then rely on the audio to guide you.

- ● **Tú no eres de Hermosilla, ¿verdad?**
- ◆ Say no, and give your nationality.
- ● **¡Ah! Y, ¿dónde vives?**
- ◆ Say where you live.
- ● **Y, ¿qué haces?**
- ◆ If you have a job, say what it is and where you work.

3 1•87 Now it's your turn to ask questions.

- ◆ Ask your new friend where he lives …
- ● **Muy cerca; allí, en la plaza Mayor.**
- ◆ And whether he works in Hermosilla.
- ● **No, trabajo en la capital, a sesenta kilómetros.**

quiz

1 Do you use **ser** or **estar** to say where buildings and places are?

2 How would you ask where the calle Arenal is?

3 What are the words for *the* in front of

   estación   **restaurante**   **calles**   **bares**

4 Can you name six other public places or buildings in Spanish?

5 What word would you have to add to ... **está lejos** to say
   It's not far?

6 How would you ask someone to repeat what they've just said?

7 What are the various meanings of **¿Dónde vive?**

8 How is the letter **v** pronounced in Spanish? Can you say **Vivo
   en la avenida de la Victoria, 20**?

9 What does **no entiendo** mean?

10 How do you say 598 in Spanish?

Now check whether you can ...

- ask and say where a building or a place is
- ask and say if it's far
- understand simple distances
- ask someone to repeat something
- ask someone where they live
- say whether you live in the town or the suburbs, and whether you live
  in a house or a flat
- ask someone where they work and say where you work

Learning verb patterns considerably extends what you can say in
Spanish. Now that you know how verbs ending in -**ar** and -**ir** work,
you can use any verb you want, e.g. **hablar** *to speak,* **celebrar** *to
celebrate,* **decidir** *to decide.*

¿Hay un banco por aquí?

asking what there is in town

finding out when it's open

understanding where a place is

... and how to get there

En España ...

even though you can find all sorts of information on the internet, when arriving in a town for the first time, it is always worth paying a visit to the local **oficina de turismo** where you will be given a free **mapa** *map*, **folletos** *leaflets* and comprehensive information on local amenities, events and places of interest.

Most shops close at lunchtime between 1.30 p.m. and 4.30 or 5 p.m., and then reopen until 8 p.m. **Los grandes almacenes** *department stores* usually stay open at lunchtime. Many banks close by 2 p.m., although there are some that now open during the afternoon.

Asking what there is in town

1   2•01 Listen to these key phrases.

¿Hay ...?	Is there/Are there ...?
por aquí	near here, in the area
Hay ...	There is/There are ...
muchos, muchas	many (m/f)
varios, varias	several (m/f)
No hay ...	There isn't/There aren't ...

2   Below is a list of local amenities to be found in many Spanish towns. Work out what they are. Some you have already met, others you may be able to guess, or look up in the glossary.

un supermercado	**una biblioteca**
una farmacia	**una piscina**
un banco	**un restaurante**
un cine	**un parque**
un hospital	**una comisaría**

3   2•02 Alberto is in the **oficina de turismo** where he asks the assistant, Mari Cruz, about the town's amenities. Listen and note down her answers in the grid.

	Sí	No
¿Hay un banco por aquí?		
¿Hay restaurantes?		
¿Hay piscina?		

4   How would you ask the following?
  • if there's a chemist's in the area
  • if there's a cinema

Finding out when it's open

1 **2•03** Listen to these key phrases.

Está ...	It's ...
... abierto/a, cerrado/a.	... open, shut.
¿A qué hora abre?	At what time does it open?
Abre a ...	It opens at ...
Cierra a ...	It closes at ...

| 08:00 | 09:00 | 01:00 | 01:30 |
| **las ocho** | **las nueve** | **la una** | **la una y media** |

2 **2•04** Julia is staying in Valencia with her friend Milagros and needs to change some money. Listen and tick **verdadero** or **falso**.

	verdadero	falso
a **El banco está abierto.**		
b **Cierra a la una.**		
c **Abre a las nueve y media.**		

En español ...

to say the time at which something happens you use **a** followed by **la** with **una**, and **las** with the other numbers.

To specify the time of the day you add:

de la mañana	*in the morning*
de la tarde	*in the afternoon, evening*
de la noche	*at night*
Abre a las cinco de la tarde.	*It opens at five in the afternoon.*

---

3 **2•05** Julia asks Milagros for information about opening and closing times. Listen and fill in the grid.

	abre	cierra
la farmacia	....	....
el supermercado	....	....

Understanding where a place is

1   **2•06** Listen to these key phrases.

El supermercado está …	The supermarket is …
enfrente de …	opposite …
Hay una farmacia …	There is a chemist's …
al lado de …	next to …
al final de la calle	at the end of the street

a la izquierda   **a la derecha**

2   **2•07** Mari Cruz gives Alberto some information about the location of certain amenities. Listen and match each place with its location.

Hay un restaurante	**a la derecha.**
El Hotel Victoria está	**enfrente del bar.**
El banco está	**al lado de la farmacia.**
La farmacia está	**al final de la calle.**
Hay un parque	**a la izquierda.**

En español …

when talking about the position of things

a often means *at* or *on*.

a + el is shortened to **al**:

     al lado   a la izquierda

de often means *of* or *to*.

de + el is shortened to **del**:

     enfrente del bar   enfrente de la farmacia   **G3**

3   **2•08** How would you ask Mari Cruz if there is a restaurant nearby?

Now listen as she gives you some information and note its exact location (in English or Spanish): ....

... and how to get there

4   **2•09** Listen to these key phrases.

Siga todo recto.	Carry straight on.
Tome ...	Take ...

**la segunda (calle)
a la izquierda**

**la primera (calle)
a la derecha**

5   **2•10** Alberto asks Mari Cruz where the Victoria Hotel is. Decide which of the following instructions is what you hear.

a   **Tome la primera a la derecha y siga todo recto.
Está a la izquierda.**

b   **Tome la segunda a la izquierda y siga todo recto.
Está a la derecha.**

c   **Tome la segunda a la derecha y siga todo recto.
Está a la derecha.**

6   **2•11** While walking there, he asks again for directions. Listen as a passer-by gives two instructions. Which street should he take? What should he do then?

7   **2•12** You are looking for the Restaurante Picón and a passer-by gives you directions. When he's gone, try to remember the directions and make a note of them.

....

....

put it all together

1 On holiday in Spain you check out the opening times at the local supermarket. Answer the questions in Spanish.

	Mañana	Tarde
Abre	09.00	16.30
Cierra	13.30	20.00

a ¿Abre a las nueve o a las nueve y media?
b ¿Está abierto o cerrado a las dos de la tarde?
c ¿A qué hora cierra?

2 You are standing in the town square looking for a restaurant and a chemist's. Fill the blanks, referring to the map below.

◆ Perdone, ¿................. un restaurante ....?
● Sí, hay varios. Hay uno aquí en la plaza, ... museo.
◆ ¿Y hay una farmacia?
● Sí, hay una en la calle Cisneros, ... supermercado. Tome la primera a la .... La farmacia está allí a la ....

> por aquí
> enfrente del
> izquierda
> hay
> al lado del
> derecha

Restaurante	Museo		Farmacia
			Calle Cisneros
Biblioteca	Plaza Mayor	Bar	Supermercado
Banco	✗	Oficina de Turismo	

1   **2•13** You have just arrived in a town and you don't know
    your way around. You talk to a woman at a bus stop.

    ◆ Say *excuse me* and ask if there is a tourist office in the area.
    ● **Sí, a 200 metros, a la derecha.**
    ◆ Repeat the directions and ask her where the bank is.
    ● **A 100 metros, pero ahora está cerrado.**
    ◆ Ask the woman what time it opens.
    ● **A las 9.30 de la mañana.**
    ◆ Ask her what time it closes.
    ● **A la 1.30.**
    ◆ Thank her and say goodbye.

2   **2•14** You are now at the tourist office.

    ◆ Ask if there is a market in the area.
    ● **Sí, en la plaza del Mercado. Tome la segunda a la
      derecha y siga todo recto.**
    ◆ Repeat the instructions, thank the assistant and say
      goodbye.

3   **2•15** It's 4.15 p.m. and a Spanish friend wants to visit your
    local museum, and you know that it's already shut.

    ◆ Say the museum is closed.
    ● **¿A qué hora cierra?**
    ◆ Say at 4 p.m.
    ● **¿A qué hora abre?**
    ◆ Tell her it opens at 10 a.m.

quiz

1 What does **por aquí** mean?

2 How would you tell someone that there isn't a market?

3 Fill the gaps:
   enfrente .... **banco; al lado** .... **farmacia**

4 If someone told you to take **la primera a la derecha**, would you turn left or right?

5 How would you tell someone that the hospital is in the square?

6 If **la farmacia está abierta**, is it open or closed?

7 It is 3.30 p.m. and you want to buy some aspirins at the chemist's. Will it be open?

8 Can you complete the following? **Cierra** .... **siete**.

9 What are **grandes almacenes**?

10 What's the Spanish for *at 9.30 in the morning*?

Now check whether you can ...

- say what there is in a town
- ask if something is available
- understand where one place is in relation to another
- understand some straightforward directions
- understand if a place is open or closed
- ask when a place opens and closes

Learning a new language often involves guessing the meaning of words. Many Spanish and English words derive from the same root, which makes it relatively easy to guess their meaning with some confidence. If **banco** means *bank* and **mapa** means *map*, what does **estación de metro** mean? Guessing, of course, is not always successful – **una librería** is not a library but a bookshop – but it's usually well worth a try.

¿Cuánto cuesta?

asking for something in a shop

... and understanding the price

buying food and shopping in the market

En España ...

you will find a wide variety of places to shop, ranging from traditional food markets and quaint old-style shops to modern hypermarkets and boutiques. Spain is particularly famous for leather goods (especially shoes), ceramics, wine, olive oil and typical food such as **jamón** (cured salted ham) and **turrón** (honey-and-almond nougat).

You can buy stamps in **un estanco** *tobacconist's* as well as the **correos** *post office*. **El quiosco** *newsagent's* not only sells newspapers, but in cities it also sells **un bonobús**, *ten-trip bus ticket* and **una tarjeta telefónica** *phone card* if you want to avoid high mobile charges.

Asking for something in a shop

1   **2•16** Listen to these key phrases.

¿Qué desea?	Can I help you?
Quería ...	I'd like ...
Aquí tiene.	Here you are.
¿Tiene ...?	Have you got ...?

2   Here is Rosario's shopping list. Using the glossary, work out what she wants to buy.

Where would she go to buy each item?

postales
crema para el sol
periódico inglés
tiritas
guía de carreteras
sellos

3   **2•17** First Rosario takes you to the **quiosco**. How does she say that she wants a **bonobús**? How does she ask if the shop has English newspapers?

Vendedor	**Hola, buenos días. ¿Qué desea?**
Rosario	**Hola, ... un bonobús.**
Vendedor	**Aquí tiene.**
Rosario	**Y, ¿................. periódicos ingleses?**
Vendedor	**Sí, *The Guardian* y *The Times*.**

4   **2•18** Listen to some key phrases.

¿Cuánto cuesta ...?	How much is ... (it)?
este/esta	this (m/f)
¿Cuánto cuestan ...?	How much are ... (they)?
estos/estas	these (m/f)
Lo siento.	I'm sorry.

5   **2•19** Now to the **estanco** where Rosario buys postcards, and stamps **para Gran Bretaña** *for the UK*. How does she ask how much the postcards cost? And how does she ask the price of a stamp (**un sello**)?

... and understanding the price

6 **2•20** Next you visit the **librería** *bookshop* where Rosario hopes she will find **una guía de carreteras**. Does she find what she wants? Note: **muy caro/cara** means *very expensive*; **otro/otra** is *other*.

Rosario	**Hola. ¿Tiene guías de carreteras?**
Vendedor	**Sí, tengo ésta.**
Rosario	**Pero ésta es muy cara. ¿Tiene otras?**
Vendedor	**Lo siento, no tengo otra.**

7 **2•21** You are now in **la farmacia**, where Rosario asks for three items, including one which wasn't on her list.

What does she ask for? ....

What is the total cost? .... euros

How much **cambio** *change* is she given? .... euros

8 **2•22** You accompany Rosario into several shops where she asks the prices of certain items. Listen and write a price tag for each.

la revista

las gafas de sol

el bolso

9 **2•22** Listen again to the audio. How does she ask the price of the magazine? And the sunglasses?

10 **a** How would you ask if the shop has the following?
- stamps
- English magazines
- suntan lotion

b How would you ask the price of the following?
- this road map
- the sticking plasters
- a stamp for the USA

Buying food

medio kilo

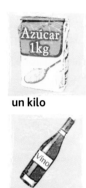

un kilo

medio litro

un litro

una botella

cien gramos

1   **2•23** Berta and Antonio are making a list of groceries. Tick off the items as you hear them. Which item do they forget to write down?

una botella de vino tinto
un litro de agua mineral
medio litro de aceite de oliva
un kilo de azúcar
cien gramos de jamón
medio kilo de queso
un paquete de mantequilla
una lata de sardinas

un paquete de *a packet of*
mantequilla *butter*
una lata de *a tin of*
una barra de pan *a stick of bread*

2   **2•24** Listen to these key phrases.

Me da .../Póngame ...	Could you give me ...
¿Algo más?	Anything else?
Nada más.	That's all.

3   **2•25** Berta meets her neighbour, Félix, doing his shopping. What quantities of cheese and ham does he ask for? How does he ask for a tin of **atún** *tuna*?

... and shopping in the market

plátanos melocotones champiñones cebollas

manzanas fresas patatas tomates

4   2•26 Listen as Berta buys her **fruta y verdura** *fruit and vegetables* in the market. How much of each of the following does she buy?

.... peaches   .... bananas   .... onions

---

En España ...

fruit and vegetables are usually bought by the kilo or half kilo rather than by the unit, except for large fruit such as **el melón** *melon*, **la sandía** *watermelon* and **la piña** *pineapple*.

---

5   2•27 Félix is also in the market. Listen and make a note in Spanish of the items he asks for.

Póngame .... **¡Ah! Y me da** ....

How does the stall holder ask if he wants anything else?
What does Félix reply?

6   How would you ask for the following?

- a kilo of cheese
- a kilo of apples
- a bottle of red wine
- a tin of tomatoes
- 200 grams of ham
- a litre of olive oil
- a bread stick
- a packet of coffee

put it all together

1   Fill the gaps with one of these words:

| botella |
| lata |
| barra |
| paquete |
| kilo |

a   una .... de vino
b   medio .... de azúcar
c   un .... de mantequilla
d   una .... de tomate
e   una .... de pan
f   una .... de agua

2   Complete the dialogue with one of these expressions:

nada más   quería   me da   cuánto cuestan

– Hola, ¿qué desea?
– .... un kilo de manzanas. ¿.................?
– 3,20 € el kilo.
– Bien. .... también medio kilo de fresas.
– ¿Algo más?
– No, ...

3   Here is your
    shopping list:

    Write it down in Spanish.

    ....
    ....
    ....

milk, mushrooms,
cheese, potatoes, sugar,
strawberries, white wine,
bananas, tuna, melon,
bread

4   Here are the prices of some expensive items. Can you work
    them out?

a   **ciento noventa y ocho euros**   ....
b   **cuatrocientos sesenta y seis euros**   ....
c   **setecientos treinta y nueve euros**   ....
d   **novecientos noventa y nueve euros**   ....

1   **2•28** You go to the market to do some food shopping. First, fruit and vegetables.

- **Buenos días, ¿qué desea?**
- ◆ Ask for a kilo of potatoes and half a kilo of mushrooms.
- **¿Algo más?**
- ◆ Ask whether he has any strawberries.
- **No, lo siento.**
- ◆ Then say you want half a kilo of bananas and a melon.
- **¿Algo más?**
- ◆ Say that's all and thank him.

2   **2•29** Next you go to the **tienda de alimentación** *food shop*.

- **¿Qué desea?**
- ◆ Ask the assistant for a baguette and a litre of milk.
- **¿Algo más?**
- ◆ Ask how much this ham costs.
- **12 euros el kilo.**
- ◆ Say you'd like 200 grams of ham and half a kilo of cheese.

3   **2•30** Then you go to the **estanco** *tobacconist's*. Read the following notes, then close your book and be guided by the audio. You will need to be able to:

- ◆ ask if the shop has stamps
- ◆ ask how much a stamp for Australia costs
- ◆ say you'd like two for Australia and one for France

quiz

1 Where can you buy stamps in Spain?

2 How would you say you want a ten-trip bus ticket?

3 How would you ask if a shop has magazines?

4 Would you use **¿Cuánto cuesta?** or **¿Cuánto cuestan?** to ask the price of: **revistas inglesas**, **melones**, **el aceite de oliva**?

5 How would you ask for a stamp for Argentina?

6 What ingredients would you ask for in Spanish to make a ham and cheese sandwich?

7 Complete the following: **una** .... **de atún**; **una** .... **de agua mineral**; **un** .... **de café**.

8 What are onions and mushrooms in Spanish?

9 How much is **ochocientos ochenta y ocho euros?**

10 If **una tienda de alimentación** is a *food shop*, what is **una tienda de quesos**? And if **deportes** means *sports*, what's the Spanish for *sports shop*?

Now check whether you can ...

- ask how much something costs
- understand prices in hundreds of euros
- say you'd like something in a shop
- give details of what you want to buy, e.g. a kilo, half a litre, 250 grams of food, a bottle, a tin, a packet of something
- ask for stamps for a particular country

Looking things up in a dictionary can be more complicated than using the glossary and it is useful to know some basic grammatical terms and abbreviations. If you look up *orange* you'll find something like this:

orange 1 n (*fruit*) naranja f; (*tree*) naranjo m;
2 adj (*colour*) naranja, anaranjado

Key: n = noun, f = feminine, m = masculine, adj = adjective

Repaso 2

1   2●31 Ramiro, a tourist guide in Villagracia, recommends his group to visit three places of special local interest. Listen and make a note of where each one is and how long it would take to walk there.

		¿Dónde?	¿Cuántos minutos?
a	La catedral		
b	El castillo		
c	Las ruinas		

2   2●31 Listen again and decide whether you have the right information about **entradas** *admission tickets* and opening times. Correct any wrong information.

  a Entrance to the cathedral is free and it's open from 10 a.m. to 4 p.m.

  b Entrance to the castle costs 3.20 euros and it's open from 9 a.m. to 6 p.m.

  c Entrance to the ruins costs 3.50 euros and it's open all day.

3   2●32 Ana, a visitor to Villagracia, asks the whereabouts of three shops in the town. Which shops does she want and what number on the map corresponds to each one?

	shop	number on map
a		
b		
c		

4 **2•33** Here is Ana's shopping list. Listen and work out the quantities she requires:

.... de pan   .... €
.... de leche   .... €
.... de mantequilla .... €
.... de atún   .... €
.... de queso   .... €
.... de jamón   .... €

5 **2•34** Ana is now at the shop checkout. Listen as the assistant adds up the prices, and note the cost of each item and the total amount.

6 **2•35** Listen as four people say where they'd like to live. From what they say, can you guess their occupations? Choose from the words below:

1 ....
2 ....
3 ....
4 ....

dependienta	camarero
enfermero	entrenador
pastor	profesora
esteticista	contable

7 **2•36** Listen as Amelia, the receptionist in an evening school in Madrid, asks a new student for some personal details, and then complete the application form.

Nombre: .... Apellido(s): ....
Nacionalidad:...................................... Edad: ....
Dirección: ....
Profesión: ....
Teléfono: ....

8   2●37 In the school, Matías the porter is directing students to certain rooms. Listen and decide how you would find the rooms of these three people:

a   **Señor López**   ....
b   **Señora Martínez**   ....
c   **Señor Rico**   ....

9   What questions would Amelia ask Carmen to get the following answers?

a   ....   Carmen Salgado.
b   ....   Tengo 30 años.
c   ....   Vivo en Sevilla.
d   ....   Calle Sierpes, 23.
e   ....   Soy enfermera.
f   ....   En el hospital.

10 Which phrase would you use in each situation?

¿Cuánto cuesta?	Lo siento, no sé.
¿Puede repetir?	¿Cuánto cuestan?
¿Tiene sellos?	¿Hay un estanco por aquí?

a   … to ask if there is a tobacconist's in the area
b   … to ask if a shop sells stamps
c   … to find out the price of cheese
d   … to ask the price of melons
e   … to ask someone to repeat what they've said
f   … to say you're sorry, you don't know

11 Fill the gaps in these sentences using one of the following words: **este**, **esta**, **estos**, **estas**

a   **Quería un kilo de** .... **queso.**
b   **Póngame medio kilo de** .... **champiñones.**
c   **Me da un kilo de** .... **manzanas.**
d   **¿Cuánto cuesta** .... **piña?**

12 Where would you buy the items on this list?

Quiosco	Estanco
....	....
....	....
....	

Farmacia	Supermercado
....	....
....	....
....	....

sellos
tiritas
queso
periódicos
revistas
azúcar
aspirinas
jamón
postales
crema para el sol
cigarros

13 Some of the information in this description of Villagracia doesn't quite correspond to the map.
Can you spot three mistakes? (We have given you three words you may not know; if there are others, look them up in the glossary.)

Villagracia es un pueblo bonito y tranquilo. Tiene 500 habitantes y está en el norte de la provincia, a 75 kilómetros de la capital. Tiene una plaza Mayor muy interesante donde también está el ayuntamiento, un edificio del siglo XVI. Al lado del ayuntamiento está la catedral, de estilo gótico. En la calle Miraflores está el Palacio Cortera, del siglo XVII. Enfrente del palacio está el Hotel Condestable y el restaurante típico Los Mirillos.

bonito *pretty*
del siglo XVI *16th-century*
de estilo gótico *in the Gothic style*

Calle Miraflores
Ayuntamiento
Plaza Mayor
Palacio Cortera
Catedral
Calle Dueñas
Los Mirillos
Hotel Condestable

Quisiera una habitación

checking in at the hotel

finding a hotel room

booking ahead by phone

making requests

En España ...

you'll find a wide choice of accommodation, ranging from basic **hostales** (small, often family-run hotels) and **albergues juveniles** *youth hostels* to exclusive **hoteles de cinco estrellas** *five-star hotels*. At the top of the range are the luxurious **paradores nacionales** (usually historic buildings that have been converted into hotels).

The price of **una habitación** *a hotel room* is always on display in the room. You can either ask for the room on its own or with **desayuno incluido** *breakfast included*. **Media pensión** is *half board* and **pensión completa** is *full board*.

Checking in at the hotel

1   **2•38** Listen to these key phrases.

Tengo una habitación reservada a nombre de …	I've booked a room in the name of …
… para esta noche.	… for tonight.

una habitación individual

con baño

con ducha

una habitación doble

con dos camas

con cama de matrimonio

en la segunda planta	on the second floor
en la primera planta	on the first floor
en la planta baja	on the ground floor
¿Me da su pasaporte?	Can I have your passport?

2   **2•39** Antonio Bautista is working in reception at the Hotel Sol. Listen as he greets three guests and checks their names before giving them the key (**la llave**). What has each one booked? Fill in the details below.

	indiv.	doble matr./ 2 camas	baño/ ducha	número	planta
Sra. Sierra					
Sr. Gari					
Sra. Balduque					

3   **2•39** Listen again and note where the lift (**el ascensor**) is.

....

Finding a hotel room

1   **2•40** Listen to these key phrases.

¿Tienen habitaciones libres?	Do you have any rooms?
Quisiera una habitación	I'd like a room
... para dos noches.	... for two nights.
Sí, tenemos.	Yes, we have.

lunes *Mon*	**jueves** *Thurs*
....	....
martes *Tues*	**viernes** *Fri*
....	....
miércoles *Wed*	**sábado** *Sat*
....	....
	domingo *Sun*
....	....

2   **2•41** A man arrives at reception, and asks Antonio at the desk for a room. Listen and decide which days of the week he wants it for.

3   **2•42 ¿Cómo se escribe?** *How do you spell it?* Listen as María says the Spanish alphabet and then spells her own surname.
What is it?   ....

Now try spelling your own name.

4   **2•43** Now listen to the whole conversation between Antonio and the man in reception. What is his surname? ....

5   How would you say you'd like the following?

- 🛏️🛁 for tonight
- 🛏️🚿 for five nights
- 🛏️ for three nights
- 🛏️🛁 for two nights – Friday and Saturday

Booking ahead by phone

1 2•44 Listen to these key phrases.

¿Dígame?	Hello? (on the phone)
Quisiera reservar una habitación.	I'd like to book a room.
¿Para cuántas noches?	For how many nights?
¿Para cuándo?	When for?
Para una semana.	For a week.
Vale, de acuerdo.	OK, agreed.
El hotel está completo.	The hotel is full.

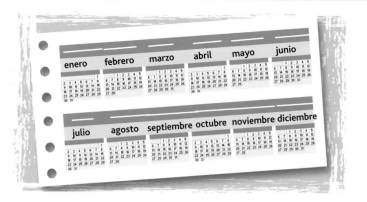

En español ...

dates are formed by using **el** + number + **de** + the month.

el uno de enero	*1st January*
el doce de marzo	*12th March*
desde el veinte al veintidós de julio	*from 20th to 22nd July*
hasta el cuatro de agosto	*until 4th August*

2 2•45 The receptionist at the Hotel Sol is taking bookings over the phone. Listen and fill in the dates mentioned in each case.

a **Para dos noches, el** .... **y el** .... **de** ....
b **Para cinco noches, desde el** .... **de** ....
c **Para una semana en** ...., **desde el** .... **hasta el** ....

Making requests

1   2•46 Listen to these key phrases.

¿Puedo/¿Podemos ...	Can I/Can we ...
... ver la habitación?	... see the room?
... pagar con tarjeta de crédito?	... pay by credit card?
... dejar la maleta aquí?	... leave the suitcase here?
... llamar por teléfono?	... make a phone call?
... aparcar aquí?	... park here?
Sí, claro/por supuesto.	Yes, certainly/of course.

2   2•47 In the Hotel Sol, some of the guests are leaving, others are arriving and each one is asking if they can do something. As you listen, can you work out who asks to do what?

a	el Sr. López	leave the case in reception
b	María Ribera	speak to the manager
c	Luis Romero	pay by credit card
d	la Sra. Gordillo	see the room
e	los Sres. Molina	make a phone call

En español ...

the verb which follows **puedo/podemos** or **quisiera** is in the infinitive (the form you find in the dictionary) and doesn't change its ending.   **G10**

3   2•48 A couple arriving at the hotel are unsure where to leave the car. Listen to their conversation and decide where they are advised to park.

4   You have been offered a room in a hotel. How would you ask whether you can:

● see the room?   ● pay by credit card?

put it all together

1   Match the English with the Spanish.

a	I've booked a room.	**Quisiera una habitación.**
b	Do you have any rooms?	**Tengo una habitación reservada.**
c	I'd like a room.	**A nombre de …**
d	In the name of …	**¿Puedo …?**
e	For how many nights?	**¿Tienen habitaciones libres?**
f	Can I …?	**¿Para cuántas noches?**

2   Complete the dialogue with words from the box.

Cliente   **Buenos días, ¿.................**
            habitaciones libres?
Antonio   **¿Para cuántas noches?**
Cliente   **................. dos noches.**
Antonio   **¿................. o doble?**
Cliente   **Individual y con baño, por favor.**
Antonio   **Sí, tenemos una habitación.**
Cliente   **¿................. cuesta?**
Antonio   **................. 30 euros por noche.**
Cliente   **Vale, de acuerdo.**

> para
> individual
> cuánto
> son
> tienen

3   Look at the following hotel advert and decide whether the
    following statements are **verdadero** or **falso**.

Hotel Rosas ★ ★ ★
c/ Palma, no 101. Tel.: 93/2547322

- en el centro de la ciudad
- 35 habitaciones con aire acondicionado, TV, wifi
- aparcamiento privado
- cerrado 30 noviembre – 1 marzo

a   **Está lejos del centro.**   b   **No hay piscina.**
c   **Hay televisión en todas las habitaciones.**
d   **Está abierto todo el año.**

now you're talking!

1 **2•49** Take the part of Alice Benson arriving at the Parador de Santiago de Compostela.

- ◆ Greet the receptionist and say that you've booked a room.
- **¿Su nombre, por favor?**
- ◆ Tell him your name.
- **Una habitación doble con baño, ¿verdad? Para tres noches.**
- ◆ Say no, for four nights.
- **Un momento, ¿cómo se escribe su nombre?**
- ◆ Spell your surname.
- **Ah, sí. Perdone, señora. Una habitación doble para cuatro noches.**

2 **2•50** This time, you phone the Hotel Miramar to book a room.

- **Hotel Miramar, ¿dígame?**
- ◆ Say hello and that you'd like to book a double room with bath in July.
- **¿Para cuándo en julio?**
- ◆ Say from the 15th to the 21st.
- **Lo siento, pero el día 15 está completo. El día 16 tenemos una habitación libre.**
- ◆ Say that's OK.
- **Muy bien, una habitación doble desde el 16 al 22 de julio. ¿Su nombre, por favor?**

quiz

1 Can you rearrange these words to form a sentence?
una / con / baño / habitación / quisiera / doble

2 How would you say *for tonight* in response to **¿Para cuántas noches?**

3 Which month follows **junio**?

4 What is the Spanish for *from Monday to Wednesday*?

5 What is **la planta baja**?

6 How do you say in Spanish: *until the 5th August*?

7 If you hear: **¿El desayuno está incluido?** what does someone want to know?

8 When would you use **puedo** and when **podemos**?

9 If you have booked **una habitación con media pensión** in a hotel, would lunch be included?

10 How do you say you'd like to pay by credit card?

Now check whether you can ...

- say you've booked a room
- ask for a room in a hotel and specify single or double
- ask for a double room with a twin bed or a double bed
- say whether you want a room with or without a bath or shower
- say how long do you want the room for and specify dates
- spell your name in Spanish

Don't worry about making mistakes. You will learn much more quickly if you try and express yourself, even if you make a few mistakes, than if you say nothing at all until you are word perfect. Most of the time people will still understand you despite your mistakes.

¿A qué hora sale el tren?

asking about public transport

... and finding out travel times

buying tickets and checking travel details

En España ...

although **el coche** *the car* is the most popular means of transport, **los trenes** *trains* and **los autobuses** *buses*, *coaches* are widely used. Coaches are cheap and convenient with many local and national companies providing long- and short-distance services.

For a more comfortable journey you can use the railway network (**Renfe**). The expanding network of **AVE** *high-speed train* trains run at speeds of up to 300 km/h (186 mph); you can travel between Madrid and Barcelona in less than three hours. Go to www.renfe.com for more information.

Asking about public transport

1　2•51 Listen to these key phrases.

¿Cómo se puede ir a ...?	How can one get to ...?
Se puede ir ...	You/One can go ...
... en tren o en autobús.	... by train or bus.
¿Cuál es mejor?	Which is better?
El coche es más rápido.	The car is faster.

En español ...

an adjective ending in **-o** such as **rápido** *fast*, **lento** *slow*, **barato** *cheap*, **caro** *expensive*, changes to **-a** when describing a feminine noun:

El tren es barato.	*The train is cheap.*
La habitación es barata.	*The room is cheap.*

To express the idea of e.g. *faster, cheaper, more comfortable, more expensive,* you put **más** before the adjective.

El coche es más rápido.	*The car is faster.*

G4

2　2•52 Anabel arrives at the airport and wants to know how she can get to the city centre. How does she ask? What is she told? Fill the gaps.

Anabel	**¿Cómo .... ir al centro?**
Empleado	**Se puede ir .... o ....**
Anabel	**¿Cuál es mejor?**
Empleado	**El .... es más rápido.**

3　2•53 Anabel is spending her holidays travelling round Spain. What advice is she given at the **oficina de turismo**? Are these phrases true or false?

a　She can get to Toledo by train or by bus.
b　The train is faster.　　　c　The bus is cheaper.

4　How would you ask how to get to:

- Salamanca?
- the station?

... and finding out travel times

5   2•54 Listen to these key phrases.

¿A qué hora ...	What time ...
sale el próximo tren ...	does the next train leave ...
... para Sevilla?	... for Seville?
¿A qué hora llega ...	What time does it arrive ...
... a Sevilla?	... in Seville?
... de Alicante?	... from Alicante?
Sale/llega a las catorce.	It leaves/It arrives at 14.00.

En español ...

formal/official times use the 24-hour clock:

a las diez veinticinco	*at 10.25*
a las veinte cuarenta	*at 20.40*
a la una cincuenta	*at 01.50*

---

6   2•55 Listen to three passengers enquiring about the departure and arrival times of trains to three cities and note down the times you hear.

	Almería	Córdoba	Soria
Salida *departure*			
Llegada *arrival*			

7   2•56 Now listen as Anabel finds out the time of the next bus to **la playa** *the beach*. What question does she ask? What answer is she given?

8   How would you ask what time the next train:

- leaves for Barcelona?
- arrives in Barcelona?
- arrives from Madrid?

Buying tickets

1   **2•57** Listen to these key phrases.

Quería un billete para ...	I'd like a ticket for ...
de ida	single
de ida y vuelta	return
de primera	first class
de segunda	second class
para hoy/mañana	for today/tomorrow
para el día catorce	for the 14th

2   **2•58** Anabel is buying a train ticket to Malaga. Listen and note the details of the type of ticket she wants and when she wants to travel.

- ◆ **Quería un billete para Málaga, de ...., para ....**
- ● **¿De ida o de ida y vuelta?**
- ◆ **................ . ¿Cuánto es el billete?**
- ● **Son 25 euros.**

3   **2•59** Listen as three more people buy their train tickets. Indicate in each case the type of ticket they buy and when it's for. In Spanish **primera** is abbreviated to **1a** and **segunda** to **2a**.

	Tipo de billete				¿Para cuándo?
	de ida	de ida y vuelta	1ª	2ª	
La Coruña					
Ponferrada					
Pamplona					

4   How would you ask for

- ● a single ticket to Malaga for today?
- ● a return ticket for tomorrow, second class?

... and checking travel details

5   2•60 Listen to these key phrases.

¿Es directo?	Is it a through/direct train?
¿Tengo que ...?	Do I have to ...?
Tiene que ...	You have to ...
... hacer transbordo.	... change.
... bajar.	... get off (train or bus).
... reservar plaza.	... book a seat.

6   2•61 Listen as three **viajeros** *passengers* check the details of their journey. Can you say which passenger is advised to do what?

viajero 1	change at Medina
viajero 2	get off at the next station
viajero 3	book a seat

7   2•62 Listen to the announcements and check whether the information on the board is accurate. Which train **tiene retraso** *is arriving late?*

Procedente de *Coming from*	Llegada *Arrival*	Andén *Platform*
Teruel	12.35	14
Zaragoza	12.45	16
Lérida	12.50	7
Sabadell	12.05	12

8   2•63 While waiting on platform 7 for a friend coming from Malaga, Amalia hears this announcement. Fill in the gaps. Is any of the information relevant to her?

Atención, señores viajeros. El tren .... Málaga sale del andén 2 a las 14.35. El tren .... Málaga tiene 5 minutos de retraso. Llega al andén ....

put it **all together**

1   Complete these sentences with
    one of the words or expressions in the box.

a   ¿................ un autobús para Santander?

b   ¿Cómo .... ir a Gerona?

c   ¿A qué hora .... el tren?

d   ¿................ hacer transbordo?

e   Quería un billete ....

f   ¿Tengo que .... aquí?

> sale
> hay
> de ida y vuelta
> tengo que
> se puede
> bajar

2   Now match each sentence from Activity 1 with an answer.

1   ¿Para cuándo?

2   En tren o en autobús.

3   No, en la próxima estación.

4   Sí. Hay uno a las 14.00 y otro a las 16.00.

5   No, es directo.

6   A las 13.30.

3   Which one is faster or more expensive? Compare the items in
    brackets as in the example.

e.g. (coche: 100 km/h – autobús: 80 km/h):
        El coche es más rápido.

a   (tren: 27 euros – autobús: 22 euros):
        El autobús ....

b   (tren: 85 km/h – autobús: 70 km/h):
        El tren ....

c   (cerveza: 1,30 euros – vermú: 1,80 euros):
        La cerveza ....

4   Work out how you would say the following times in Spanish,
    using the 24-hour clock.

a   at 10.40   b   at 12.10   c   at 16.25   d   at 22.55

now you're **talking!**

1   **2•64** While on holiday in Spain with a group of friends, you want to know how to get to Santa María. You get talking to someone in a bar.

 ◆ Ask her how you can get there.
 ● **Se puede ir en tren o en autobús.**
 ◆ Ask her whether the train is expensive.
 ● **No, no. Pero el autobús es más barato.**

2   **2•65** As your new friend is not sure of the departure times, you go to the station to make some enquiries.

 ◆ Ask what time the train for Santa María leaves.
 ● **A las 09.10.**
 ◆ And what time it arrives.
 ● **A las 10.35.**
 ◆ Ask whether you have to change.
 ● **No, es un tren directo.**
 ◆ Ask how much a return ticket costs.
 ● **22,50 euros.**

3   **2•66** Now buy your tickets.

 ◆ Say you want four return tickets.
 ● **¿Para cuándo?**
 ◆ Say it's for 20th May.
 ● **Aquí tiene sus billetes. Son 90 euros.**

4   **2•67** Señora Cortázar has asked you to buy a train ticket for her. You phone her and confirm the details. Be guided by the audio. You need to be able to say:

 ◆ It leaves at 08.45 and arrives at 12.35.
 ◆ She has to change at Palencia.

quiz

1 If *strong* is **fuerte** and *high* is **alto**, how would you say *stronger* and *higher*?

2 What is the Spanish word for *platform*?

3 How do you say in Spanish *I have to make a phone call*?

4 What does **hacer transbordo** mean?

5 If you want to buy a ticket to Toledo, do you ask for **un billete para Toledo** or **un billete de Toledo**?

6 What is the opposite of **rápido**? And the opposite of **caro**?

7 How would you tell someone *It arrives at 05.20*?

8 Does the sign **Salidas** at a station or airport mean *Arrivals* or *Departures*?

9 You hear a woman on a platform asking **¿Tiene retraso?** What does she want to know?

Now check whether you can …

- enquire about available means of transport
- find out which means of transport is better
- ask what time trains or buses leave and arrive and understand the answer
- find out whether your train is direct
- ask whether you have to book a seat
- buy a ticket (specifying details)

When learning a language, it can be very easy to underestimate how much you know. Go back occasionally to one of the early units to prove to yourself how much you've learnt. Think also about what you find easy … and difficult. If you can identify your strengths and weaknesses, you can build on your strengths and find ways of compensating for the weaknesses.

¡Que aproveche!

reading the menu

asking about items on the menu

ordering a meal in a restaurant

saying what you like and don't like

... and paying compliments

En España ...

meals at home with friends or family are often very long, as people tend to linger at the table afterwards, enjoying **la sobremesa** (small talk round a table).

La cocina española *Spanish cuisine* has many regional varieties, and there are plenty of restaurants to suit your personal preference and budget. You can expect excellent quality as well as quantity. You will usually be offered **la carta** *menu* and a **menú del día** (economically priced set menu) which includes three courses plus **pan** *bread* and **vino** *wine*.

At the beginning of a meal it is customary to say to people **¡Que aproveche!** *Enjoy it!*

MENÚ

Entremeses
Entremeses de la casa
Boquerones en vinagre

Starters, usually cold meats, marinated cold fish such as **boquerones** *fresh anchovies*, **aceitunas** *olives* or vegetables

Primer plato
Sopa del día
Paella
Cocido madrileño
Ensalada mixta
Judías blancas con arroz

First course, usually **sopa** *soup*, **arroz** *rice*, vegetables or pulses such as **judías blancas** *haricot beans*

Segundo plato
Filete con patatas
Pollo al ajillo
Chuletas de cordero
Sardinas a la plancha
Merluza a la romana

Second course, usually **carne** *meat*, **pescado** *fish* or poultry

Postre
Fruta del tiempo
Flan con nata
Helado variado
Crema catalana

Dessert, usually including **flan** *crème caramel* and **helado** *ice cream*

Reading the menu

1 Read the menu and see how much of it you already understand or can guess.

2 Now read through the following notes, then go back and read the menu again. You may also want to consult the glossary.

Some of the terms you find in a menu are very general.

... del día	*... of the day*
... de la casa	*... of the house*
... del tiempo	*... in season*
... mixta	*mixed ...*

Others, often starting with **al** or **a la**, are more precise and refer to the main ingredient of a dish, the way it is cooked or the region that it comes from.

al ajillo	*with garlic*	**a la romana**	*cooked in batter*
a la pimienta	*with pepper*	**madrileño**	*Madrid style*
a la plancha	*grilled*	**(a la) catalana**	*Catalan style*
al horno	*baked*		

Fresh fish and **marisco** *seafood* are important ingredients in the Spanish diet. Among the most common dishes are **calamares** *squid*, **gambas** *prawns*, **merluza** *hake*, **besugo** *sea bream*, **lenguado** *sole* and **pez espada** *swordfish*.

Meat is usually **vaca** *beef*, **ternera** *veal*, **cordero** *lamb*, **cerdo** *pork* or **pollo** *chicken*. It might be served in one of the ways described above, or possibly **guisado** *stewed*, **asado** *roast* or **frito** *fried*.

Filete is *steak*, and **chuletas** *chops*.

Cocido madrileño is a dish of meat, vegetables and chickpeas, typical of the Madrid region.

Asking about items on the menu

1   **2•68** Listen to these key phrases.

Una mesa para tres.	A table for three.
¿Qué es ...?	What is ...?
¿Cómo es la paella?	What's the paella like?
¿Lleva carne/ajo?	Does it have meat/garlic?

2   **2•69** In the Casa Mario restaurant, Fernando the waiter shows some people to their table. They order drinks and **una ración** *portion* of two types of starters.
Check the menu on page 88 and tick the starters as you hear them.

3   **2•70** Fernando tells them what there is **de primero** *for first course*. All the items are on the menu on page 88. Tick them as you hear them.

4   **2•71** Listen as they ask Fernando two questions about the dishes.

How do they ask what **cocido madrileño** is?
How do they ask whether the **paella** has any meat in it?

5   **2•71** Listen again carefully. Can you identify the ingredient which is missing from each recipe?

COCIDO MADRILEÑO

garbanzos *chickpeas*
verduras *green vegetables*
....
zanahorias *carrots*

PAELLA

arroz *rice*
pimientos *peppers*
tomates *tomatoes*
....
mejillones *mussels*

Ordering a meal in a restaurant

1 **2•72** Listen to these key phrases.

Para mí ...	For me ...
(Yo) voy a tomar ...	I'll have ...
de primero	for first course
de segundo	for second course
de postre	for dessert
¿Para beber ...?	To drink ...?

2 **2•73** A couple with their daughter order their **primer plato** from this menu. Check any words you don't know in the glossary, then listen and complete their conversation.

Señor ...., **de primero, sopa de verdura.**

Señora **Yo** .... **judías blancas con arroz y** .... **mi hija, ensalada mixta.**

3 **2•74** A young woman is eating alone at the next table. She's a vegetarian. Listen as she orders her food and pick out what she chooses from the menu.

Does she want sparkling or still water?

4 How would you say that you'll have:

- white beans with rice?
- grilled sardines?
- potato omelette?
- baked sea bream?

> **MENÚ**
>
> **Primero**
>
> Sopa de verdura
> Ensalada mixta
> Judías blancas con arroz
>
> ――――――――――――
>
> **Segundo**
>
> Tortilla de patatas
> Besugo al horno
> Sardinas a la plancha
>
> ――――――――――――
>
> **Postre**
>
> Flan o fruta del tiempo

Saying what you like and don't like

1   2•75 Listen to these key phrases.

¿Qué tienen ...?	What do you have ...?
Me gusta ...	I like ...
No me gusta ...	I don't like ...
¿Te gusta ...?	Do you like? **(tú)**
¿Le gusta ...?	Do you like? **(usted)**

2   2•76 One table has finished their **segundo plato**, and calls Fernando. How does the client ask what desserts they have?

Which of the following are they offered?

fresas	**crema catalana**	**helado**	**flan con nata**
yogur	**tarta de manzana**	**queso**	**melocotón**

3   2•77 Listen as Fernando brings the dessert over and decide who likes and who doesn't like **queso manchego** (a Spanish cheese from La Mancha region).

	me gusta	no me gusta
Señor		
Señora 1		
Señora 2		

4   How would you say you like:

- red wine?
- cheese?
- melon?

En español ...

to say something is *very good* etc, you can add **-ísimo** to the adjective minus its final vowel.

El flan está buen<u>o</u>. ... **buen<u>í</u>simo.**
La tarta está buen<u>a</u>. ... **buen<u>í</u>sima.**

... and paying compliments

5 2•78 Listen to these key phrases.

¿Todo bien?	Is everything all right?
¿Le gustan ...	Do you like ...
... los quesos españoles?	... Spanish cheeses?
Me gustan ...	I like ...
... todos los quesos.	... all cheeses.

6 2•79 The **dueño** *owner* of the Casa Mario restaurant comes to the table to ask if everything is all right. Tick any of the comments which you hear.

Está muy bueno.

¡Perfecto!

Está deliciosa.

Me gustan.

Está buenísimo.

¡Qué bueno!

En español ...

if you like something which is plural, you replace **gusta** with **gustan**:

¿Le gustan los pimientos?	*Do you like peppers?*
Sí, me gustan.	*Yes, I like them.*
¿Te gustan los mejillones?	*Do you like mussels?*
No, no me gustan mucho.	*No, I don't like them much.*

---

7 2•80 The family are eating their desserts. Do they like them? Listen and fill the gaps.

Padre **Está muy buena esta tarta. ¿Te ...., Lola?**
Lola **Me .... mucho. Me .... mucho las manzanas.**

8 How would you say you like:

- peaches? • strawberries? • Spanish cheeses?

put it all together

1 Match the Spanish with the English.

a	asado	of the house
b	al horno	roast
c	frito	in season
d	al ajillo	grilled
e	del tiempo	fried
f	a la plancha	with garlic
g	de la casa	baked

2 Sort the following dishes into the appropriate columns.

ensalada, chuletas de cordero, helado, judías blancas con arroz, melón con jamón, cerdo, flan, lenguado, pollo

primero	segundo	postre

3 How would you say you like the following dishes?

a la tortilla de patatas
b la paella
c las chuletas de cordero a la plancha
d los calamares a la romana
e las fresas
f la tarta de manzana

4 Supply the ending to the adjectives in these sentences. **Exquisito** is often used to describe something which is excellent.

a Este vino está exquisit_.
b El queso está muy buen_.
c La tarta está buenísim_.

now you're talking!

1 **2•81** Imagine you are going out for a meal in the Casa Mario restaurant with your daughter who doesn't speak Spanish. You might need the menu from page 88.

You are greeted by Fernando …
- **Buenas tardes. ¿Una mesa para dos?**
- ◆ Say yes, for two.
- **Aquí tiene el menú.**
- ◆ Thank him.

He returns a few minutes later.
- **¿Qué van a tomar?**
- ◆ Ask for the soup for your daughter and the **paella** for yourself.
- **¿Y de segundo?**
- ◆ Order the steak and the sardines.
- **¿Con patatas o ensalada?**
- ◆ Order potatoes and a salad.

When he brings the food:
- **Aquí tienen, el filete y las sardinas. ¡Que aproveche!**
- ◆ Say you'd like the house red wine.
- **¿Un litro?**
- ◆ Say half a litre.

He comes back while you are eating.
- **¿Todo bien?**
- ◆ Say yes, say the fish is very good.
- **¿Van a tomar postre?**
- ◆ Ask what they have for dessert.
- **Flan con nata.**
- ◆ Say you don't like cream, then order **flan** without cream (**sin** *without*).

quiz

1 How would you ask for a table for four?

2 To say that you like **pollo asado** would you use **me gusta** or **me gustan**?

3 What is the main ingredient of a dish **al ajillo**?

4 What would you say to find out if a dish has meat in it?

5 Before starting your meal, what would you say to the people eating with you?

6 Is lamb **cerdo** or **cordero**?

7 How would you say that the **paella** is very good indeed?

8 What is the word for a *starter* when ordering your meal?

9 How would you say you don't like meat?

10 Which is the odd one out among **judías, zanahorias, garbanzos, mariscos, pimiento?**

Now check whether you can ...

- understand the main points of a Spanish menu
- ask about items on the menu
- order a meal with drinks
- say what you like and what you don't like
- ask others what they like
- pay a compliment

> **¡Enhorabuena!** *Congratulations!* You have reached the end of **Talk Spanish**.
>
> And now ... prepare yourself for **Repaso 3** with some revision. Listen to the conversations again – the more you listen, the more confident you will become. You can test your knowledge of the key phrases by covering up the English in the lists. Look back at the final pages of each unit and use the quizzes and checklists to assess how much you remember. And take every opportunity to speak Spanish; if no one else is available, talk out loud to yourself!

Repaso 3

Imagine you have just arrived in Spain on holiday …

1   You arrive in Madrid at **la estación de Atocha** on a Monday evening, tired and in need of something to drink.

Which of these questions would you ask?

a   **Perdone, ¿dónde está el museo?**
b   **Perdone, ¿hay un bar por aquí?**
c   **Perdone, ¿hay un banco cerca de aquí?**

2   2•82 Having found a bar in the station, you decide what you want to drink. Listen to the audio and be ready to order a black coffee and then to ask how much it is.

You	……………………………………………
Camarero	**Aquí tiene.**
You	……………………………………………
Camarero	**Son ochenta céntimos.**

How much change should you expect from a two-euro coin?

3   2•83 While you are in the bar, you ask the waiter where the Hotel Capitol is. Listen and make a note of the directions he gives you.

¿Dónde está el Hotel Capitol?

………………………………………………………………………………
………………………………………………………………………………

4   Before making your way to the Hotel Capitol, you go to the information office to find out when the first train leaves for **Sevilla** on Wednesday, when it arrives and how much a single ticket costs.

For each question, choose the correct option.

a   **¿A qué hora sale el <u>primer/próximo</u> tren para Sevilla, el <u>miércoles/martes</u> por la mañana?**
b   **¿A qué hora llega <u>a/de</u> Sevilla?**
c   **¿Cuánto <u>es/son</u> el billete <u>de ida y vuelta/de ida</u>?**

5 **2•84** Now listen to the audio, take part in the conversation and make a note of the time the first train leaves Madrid and when it arrives in Seville. Then jot down the price of the ticket.

Salida	Llegada	Precio del billete

6 In Seville you make your way to the Hotel María Cristina, where you have already booked a single room with shower until Saturday. At reception, after saying who you are, which of the following would you say?

a **Quisiera una habitación individual con ducha para el miércoles.**

b **Quisiera una habitación doble con ducha desde el miércoles al sábado.**

c **Tengo reservada una habitación individual con ducha para tres noches, desde el miércoles hasta el sábado.**

d **¿Tiene una habitación individual libre para el miércoles?**

7 **2•85** Now listen to the receptionist's reply and answer her question. What else does she ask you for? Listen again and note down your room number and on which floor the room is.

Habitación .... **Planta** ....

8 **2•86** Hotel María Cristina will change money for you. Listen to the manager telling you the rate of exchange (**el cambio**) for the pound (**libra esterlina**). What does he say is the current rate?

a 1,16 €

b 1,61 €

c 1,71 €

9   2•87 That evening in the hotel bar, you start chatting to Raúl
    Marques from Buenos Aires in Argentina. He's a designer and travels
    a lot for his job. Listen to his plans for the week and make a note of
    them.

Mon		Fri	
Tues		Sat	
Wed		Sun	
Thur			

10 2•88 From what you already know about Raúl, can you work out how
    he would answer these three questions?

a   ¿Cómo se llama?
b   ¿Es español?
c   ¿Dónde vive?

Now, can you work out what questions you would need to ask him if
these are his answers?

d   ....
    Sí, estoy casado.
e   ....
    Se llama Teresa.
f   ....
    Sí, tengo un hijo – Carlos.
g   ....
    Tiene cuatro años.
h   ....
    Soy diseñador de moda.
i   ....
    Sí, hablo inglés, español, francés y un poco de catalán.
j   ....
    Sí, me gusta mucho la comida española.

Finally, he asks you some questions. Listen to the audio.

11 Raúl is planning to rent an apartment and bring his wife and son to Spain. He shows you some information about Apartamentos Zahara.

Apartamentos Zahara ★★★★
Conil (Cádiz) Tel.: 95/2355110

	temporada alta de julio a septiembre	temporada baja de abril a junio de octubre a marzo
● 1 dormitorio	150 €	114 €
● 2 dormitorios	180 €	144 €

a   Prices are per week. Can you work out the price for Raúl and his family to stay in Apartamentos Zahara for two weeks in August? They will want an apartment with two **dormitorios** bedrooms.

b   Work out the amount in words.

12 The two of you fancy eating in an Andalusian restaurant that Raúl has seen advertised.

Restaurante
EL BAJO GUÍA

Especialidad: marisco y pescados fritos
Cocina andaluza tradicional – vinos locales
Vista panorámica de la Giralda
Cerrado los domingos

a   What is the house speciality?
b   Is the restaurant open tonight (Wednesday)?
c   What kind of wines can you expect?
d   What does **cocina andaluza** mean?

Transcripts and answers

This section contains transcripts of all the conversations. Answers which consist of words and phrases from the conversations are given in bold type in the transcripts. Other answers are given separately, after each activity.

Unit 1

Pages 8 & 9 Saying hello and goodbye

2 • Buenos días, **señora** Sánchez.
  • Hola, buenos días, **señor** García.
  • Buenos días, **señora** Gutiérrez.
  • Buenos días, **señor** Robles.

3 • **Buenas tardes**, señora Sánchez.
  ◆ Hola, buenas tardes. **¿Cómo está?**
  • **Bien, gracias. ¿Y usted?**
  ◆ **Bien, bien …**

4 • **Hola, Amelia. ¿Qué tal?**
  ◆ **Bien. Y tú, ¿cómo estás?**
  • Bien.

6 • **Adiós, hasta luego**, señor Rodríguez.
  • **Adiós, buenas tardes**, señora Sánchez.

7 • **Adiós**, señor García.
  ◆ **Adiós, buenas noches.**

8 • Buenos días. (*to Laura Pérez*)
  • Hola, buenas tardes. (*to Carlos Ramos*)
  • Hola, ¿qué tal? (*to Fernando*)
  • Buenas noches. (*to Sra. Alameda*)

9 • ¿Cómo estás? (*to Fernando*)
  • ¿Cómo está? (*to an elderly neighbour*)
  • Adiós, buenas tardes. (*to Laura Pérez*)
  • Adiós, hasta luego. (*to Fernando*)

Pages 10 & 11 Introducing yourself and getting to know people

2 • Buenos días. ¿Usted es **Juan Valcárcel**?
  ◆ Sí, soy yo.
  • Hola, buenos días. ¿Usted es?
  ◆ Hola. Soy **Carmen Terrás**.
  • Buenos días. ¿Usted es Olga López?

◆ No, yo soy **Olga Sánchez**.
Juan Valcárcel & Carmen Terrás are correct but it's Sánchez not López.

3 • Hola, buenos días. **Soy** Javier Peñalver.
  ◆ Buenos días. **Yo soy** Luis Román. ¿Cómo está?
  • Bien, gracias. Hola. **¿Es** usted Gema Miranda?
  ◆ No, **soy** Julia Miranda.

5 • Hola, soy Eduardo Flores. **¿Cómo se llama?**
  ◆ **Me llamo** Mercedes Guillén.
  • **¿Perdón?**
  ◆ Guillén, Mercedes Guillén.
  • **Mucho gusto.**

6 • Hola. ¿Cómo te llamas?
  ◆ Alejandra. ¿Y tú?
  • Yo **me** llamo Paco. Y **tú**, ¿cómo **te** llamas?
  ◆ **Me** llamo Rocío.

7
a • Buenos días. ¿Cómo se llama?
  ◆ Me llamo Juan Hernández.
b • ¿Cómo te llamas?
  ◆ Fernando. ¿Y tú?
c • Hola. ¿Cómo estás?
  ◆ Bien gracias, ¿y tú?
d • ¿Es usted Cristina Marcos?
  ◆ Sí, soy yo.
a usted; b tú; c tú; d usted.

Page 12 Put it all together

1 a ¿Cómo está? b Mucho gusto; c Soy …; d Bien, gracias; e Buenas tardes; f Hasta luego; g ¿Cómo se llama? h Me llamo …; i Hola; j Buenas noches.

2
a • Buenos días. – Buenos días.
b • Hola, buenas tardes. – Buenas tardes.
c • Hola. ¿Qué tal? – Bien, ¿y tú?
d • Adiós, buenas noches. – Buenas noches.

3 • Soy … – Yo soy … – Me llamo … + names

Page 13 Now you're talking!

1 ● Buenos días.
   ◆ **Hola, buenos días. Soy + your name.**
   ● Mucho gusto. Yo soy Patricia Fonseca.
   ◆ **¿Perdón?**
   ● Patricia Fonseca.
   ◆ **Mucho gusto.**

2 ● **Hola, Aurelio. ¿Qué tal?**
   ◆ Bien. ¿Y tú?
   ● **Bien, gracias.**

3 ● Mucho gusto. ¿Cómo está?
   ◆ Bien, bien. Gracias.
   ● **Hola, ¿cómo te llamas?**
   ◆ Jaime.
   ● **Adiós, señora. Buenas tardes.**
   ◆ Adiós.
   ● **Hasta luego.**

4 ● **Hola, buenas noches.**

Page 14 Quiz

1 Buenas tardes; *2* Hasta luego; *3* as a greeting in the late evening and to say goodnight; *4* to someone you know well or a young person; *5* usted; *6* nombre (first name), apellido (surname); *7* No soy Cristina Sánchez; *8* (yo) soy, me llamo; *9* ¿Cómo estás? *10* mucho gusto.

Unit 2

Pages 16 & 17 Talking about where you're from and your nationality

2 ● ¿Cómo te llamas?
   ◆ Me llamo Martin.
   ● ¿De dónde eres?
   ◆ Soy **australiano**, de Sydney.

   ● ¿Cómo te llamas?
   ◆ Me llamo Jack.
   ● ¿De dónde eres?
   ◆ Soy **inglés**, de Brighton.

   ● Y tú, ¿cómo te llamas?
   ◆ Me llamo Peter.
   ● ¿Eres inglés?
   ◆ No, no soy inglés. Soy **alemán**, de Frankfurt.

   Martin – Australian; Jack – English; Peter – German

3 ● Buenos días.
   ◆ Buenos días.
   ● ¿De dónde es usted?
   ◆ Soy español, de **Málaga**.

4 alemán – alemana; argentino – argentina; canadiense; escocés – escocesa; español – española; norteamericano – norteamericana; francés – francesa; inglés – inglesa; irlandés – irlandesa; italiano – italiana; galés – galesa; peruano – peruana.

5 Alemania – alemán; Irlanda – irlandés; España – español; Escocia – escocés; Los Estados Unidos – norteamericano.

6 ● Brigitte es **francesa**. Es de París.
   ● El señor Ager es **alemán**, de Berlín.
   ● Steve es **escocés**, de Edimburgo.
   ● Anne es de Chicago, es **norteamericana**.

Pages 18 & 19 Saying what you do for a living and which languages you speak

2 ● ¿Qué haces?
   ◆ Soy **médico**.
   ● ¿Qué haces?
   ◆ Soy **arquitecto**.
   ● Y usted, ¿qué hace?
   ◆ Soy **dentista**.
   1st is a doctor; 2nd an architect; 3rd a dentist.

3 ● ¿Qué haces?
   ◆ **Soy periodista.**
   ● Eres contable, ¿verdad?
   ◆ Sí, **soy contable.**
   ● ¿Y tú? ¿Eres enfermera?
   ◆ No, **soy secretaria.**

5 ● ¿Qué hace?
   ◆ Soy **profesor de inglés**.
   ◆ Y habla inglés y español, ¿verdad?
   ● Pues, hablo **inglés** y un poco de **español**.
   He's a teacher of English; speaks English and a little Spanish; y = and.

Page 19 Using numbers 0 to 20

1 cero, uno, dos, tres, cuatro, cinco, seis,
siete, ocho, nueve, diez, once, doce, trece,
catorce, quince, dieciséis, diecisiete,
dieciocho, diecinueve, veinte

2 ● Hola, Rosa. ¿Qué tal?
  ◆ Bien. Llamo por los números de la
   lotería.
  ● Son **el siete**, **el nueve**, **el doce**, **el
   trece**, **el diecinueve** y **el veinte**.
  7, 9, 12, 13, 19, 20.

3 cuatro, cinco, diez, catorce, quince,
diecisiete.

Page 20 Put it all together

1 *a* Sí, soy de Nueva York; *b* No, soy galesa;
c Soy de Burgos; *d* Soy médico;
e No, hablo inglés y francés.

2 Nombre: **Marta**; Apellido: **Sancho**
Nacionalidad: **española**
Profesión: **contable**

3 ● **¿Eres** española?
  ◆ No, **no soy** española. Soy italiana.
  ● ¿De **dónde** eres?
  ◆ Soy **de** Roma.
  ● Y, **¿qué** haces?
  ◆ Soy **estudiante**.
  ● Hablas español, ¿verdad?
  ◆ Sí, **hablo** un poco de español.

4 *a* No, yo soy el Sr. Rivero; *b* Sí, soy
portugués; *c* No, soy de Lisboa;
d No, soy médico.

Page 21 Now you're talking!

1 ● ¿Cómo te llamas?
  ◆ **Me llamo Mary.**
  ● ¿Eres inglesa?
  ◆ **No, soy irlandesa.**
  ● ¿De dónde eres?
  ◆ **De Dublín.**
  ● Y hablas español, ¿verdad?
  ◆ **Sí, hablo un poco de español.**

2 ● ¿Es usted inglés?
  ◆ **Sí, soy** or **No, soy + nationality**
  ● ¿De dónde es?
  ◆ **Soy de + where you're from**

3 ● **¿De dónde es?**

◆ Soy catalana, de Barcelona.
● **¿Qué hace?**
◆ Soy directora de Marketing.
● **¿Habla catalán?**
◆ Sí, hablo catalán y español.

Page 22 Quiz

1 Colombia, Perú, Ecuador; *2* in the Basque
Country (el País Vasco); *3* ¿De dónde eres?
4 Soy galés/galesa, de Cardiff; *5* Soy
alemana; *6* ¿Qué haces? *7* No, no soy
profesor. Soy médico; *8* trece; *9* entrenadora

Unit 3

Page 24 Introducing someone

2 ● Silvia, **ésta** es Beatriz.
  ◆ Hola, ¿qué tal?
  ● Hola.
  ◆ Beatriz, **éste** es Pepe.
  ● Encantado.
  ◆ **Encantada.**

3 ● Señor Molina, **ésta es la señora
   Prados.**
  ◆ **Encantado.**
  ● **Encantada.**

4 ● Isabel, éste es Juan.
  ● Señora Tirado, éste es el señor Anula.
  ● Fernando, ésta es Antonia.
  ● Señor Mora, ésta es la señora López.

Page 25 Giving your phone number

1 veintiuno, treinta y dos, cuarenta y
cinco, cincuenta y ocho, sesenta y uno,
setenta y cuatro, ochenta y tres,
noventa y nueve.

2 veinticinco; cuarenta y seis; sesenta y
siete; noventa y cuatro; setenta y siete.
Missing number: treinta y ocho – 38.

3 ● ¿Dígame?
  ◆ ¿El teléfono de Iberia, por favor?
  ● Tome nota, **es el cuatro, dieciocho,
   veintidós, treinta y dos.**
  ◆ ¿Dígame?
  ● ¿El teléfono del Sr. Pérez, por favor?
  ◆ Tome nota, **es el tres, veinticinco,
   diecisiete, ochenta y dos.**
  Iberia: 4 18 22 32; Sr. Pérez: 3 25 17 82

4 ● dos, treinta y cinco, cincuenta y uno, diez.
   ● cinco, diecinueve, diecisiete, setenta y siete.
   ● cero uno ocho dos, ocho tres cuatro, nueve dos cinco seis.

Pages 26 & 27 Talking about yourself and your family

2 ● Luis, ¿estás casado?
   ◆ No, **estoy divorciado**.
   ● Elena, tú estás casada, ¿verdad?
   ◆ Sí, **estoy casada**.
   ● Juan, ¿estás casado?
   ◆ No, **estoy soltero**.
   Elena is married, Luis divorced and Juan single.

3 ● Señora Prados, ¿está usted casada?
   ◆ Sí, **estoy casada**. Éste es mi marido, Pablo.
   ● Señor Molina, ¿está usted casado?
   ◆ Sí, estoy casado. **Ésta es mi mujer, Mercedes.**

4 Éste es mi marido. Ésta es mi hermana.

6 ● Señor Molina, **¿tiene hijos?**
   ◆ Sí, **tengo un hijo** que se llama David y **una hija**, Susana.
   ● **¿Cuántos años tiene** David?
   ◆ David **tiene veintinueve** y Susana veinticuatro.

7 ● ¿Tienes hijos?
   ◆ Sí, tengo una hija.
   ● ¿Cómo se llama?
   ◆ **Se llama** Carmen.
   ● ¿Cuántos años tiene?
   ◆ **Tiene quince.**

Page 28 Put it all together

1 *a* Estoy casado; *b* Mi mujer se llama Mercedes; *c* Mi hijo se llama Andrés; *d* Tiene doce años.

2 *a* Ésta es mi madre; *b* Éste es mi padre; *c* Éste es mi hermano, Andrés. *Manuel could say* Encantado.

3 *a* Me llamo Giulia. Tengo veinticuatro años. Soy italiana, de Milán.

b Me llamo Philippe. Tengo veintisiete años. Soy francés, de Toulouse.
c Me llamo Alice. Tengo diecinueve años. Soy galesa, de Cardiff.
d Me llamo Peter. Tengo veintitrés años. Soy irlandés, de Belfast.

Page 29 Now you're talking!

1 ● Buenos días. ¿Cómo se llama?
   ◆ **Me llamo Concha.**
   ● ¿Está casada?
   ◆ **Sí. Éste es Ian, mi marido.**
   ● ¿Tiene hijos?
   ◆ **Sí, tengo una hija y un hijo.**
   ● ¿Cómo se llama su hijo?
   ◆ **Se llama Arturo.**
   ● ¿Cuántos años tiene Arturo?
   ◆ **Veintidós.**
   ● Y su hija, ¿cómo se llama?
   ◆ **Se llama Daniela.**
   ● Y, ¿cuántos años tiene?
   ◆ **Veinticinco.**

2 ● Hola, me llamo Carmen. ¿Y tú?
   ● **Me llamo + your name. ¿Estás casada?**
   ◆ Sí, estoy casada.
   ● **¿Tienes hijos?**
   ◆ Sí, tengo un hijo.
   ● **¿Cómo se llama tu hijo?**
   ◆ Miguel.
   ● **¿Cuántos años tiene?**
   ◆ Trece años.

Page 30 Quiz

1 Éste es el Sr. Pacheco; Ésta es la Sra. Conde; *2* Encantada; encantado; *3* veinticinco (*one word*); cuarenta y cinco (*three words*); *4* Estoy soltero; *5* mi hija; *6* ¿Cuántos años tienes? *7* Tengo (*42*) años; *8* noventa y nueve.

Unit 4

Pages 32 & 33 Ordering a drink in a bar

2 ● **¿Qué va a tomar?**
   ◆ **Un vino blanco**, por favor.
   ● Ahora mismo.

3 ● Oiga, por favor.
   ◆ Sí. ¿Qué van a tomar?
   ● **Una cerveza.**
   ◆ Y para mí, **un vino tinto.**
   Lola – beer; Fernando – red wine

4 ● Buenas tardes. ¿Qué van a tomar?
   ◆ Para mí, **un café cortado.** ¿Y tú, Luis?
   ● Yo, **un vino blanco.**
   ◆ Y **un agua mineral sin gas** para mí.

5 ● Para mí, **un café solo.** Eva, ¿tú qué quieres?
   ◆ Yo quiero **un batido de chocolate.**
   ● ¿Y tú, Óscar?
   ◆ Yo también, **un batido de chocolate.**
   ● **Un agua mineral con gas** para mí y **un cortado.**
   Rosa – a black coffee; Eva and Óscar – a chocolate milkshake; Antonio – a sparkling mineral water and a black coffee with a dash of milk. También = too.

6 ● Un café con leche, un zumo de naranja y una cerveza. Y para mí, …

Page 34 & 35 Offering, accepting or refusing a drink or snack

2 ● Hola, ¿qué tal?
   ◆ Muy bien.
   ● **¿Qué quieres tomar?**
   ◆ Una cerveza.
   ● Oiga, **dos cervezas**, por favor.

3 ● ¿Quiere tomar algo? ¿Un té, un café?
   ◆ **Sí, gracias.** Un té con limón.
   ● ¿Con azúcar?
   ◆ **No, sin azúcar.**
   ● ¿Y usted?
   ◆ Para mí, agua, por favor.

4 ● ¿Qué quiere tomar, un té, un café?
   ◆ **Un café solo**, por favor.

   ● ¿Quieres un vino?
   ◆ Sí, gracias. **Tinto**, por favor.

   The first – usted – black coffee; the second – tú – red wine.

6 ● ¿Quieres comer algo?
   ◆ Sí, gracias. **Calamares y aceitunas.**
   ● Y para mí, **un bocadillo de jamón.**

Page 35 Paying the bill

2 ● Oiga, por favor. ¿Cuánto es?
   ◆ Son dos cafés, **un euro ochenta**, y un zumo de naranja, que son **noventa céntimos**. Total son **dos euros setenta**.
   2 coffees 1,80 €, orange juice 0,90 €. Total 2,70 €.

   ● Oiga, por favor. ¿Cuánto es?
   ◆ A ver, son dos cervezas, **tres treinta**, y un bocadillo de jamón, **dos veinte**. En total son **cinco cincuenta**.
   2 beers 3,30 €; 1 ham sandwich 2,20 €. Total 5,50 €.

Page 36 Put it all together

1 ● un café, un agua mineral; un zumo, un vino; un cubalibre; un refresco; un té.
   ● una cerveza; una tónica, una sangría.

2 ● **¿Qué** van a tomar?
   ◆ **Una** cerveza.
   ● Y **para mí**, un café. Andrés, ¿qué **quieres** tomar?
   ◆ Un batido **de** chocolate.
   ● **Oiga**, por favor. ¿Cuánto **es**?
   ◆ **Son** 3,40 euros.

3 *a* un euro setenta y cinco, *or* uno setenta y cinco
   b cuatro noventa y nueve
   c dos cincuenta y cuatro
   d tres dieciocho
   e quince cincuenta
   f veinticinco veinte

Page 37 Now you're talking!

1 ● **Fernando, ¿qué quieres tomar?**
   ◆ Un vino tinto.
   ● **¿Y tú, Patricia?**
   ◆ Un refresco de limón.
   ● **Oiga, por favor.**
   ◆ Buenos días, señores. ¿Qué van a tomar?
   ● **Dos vinos tintos y un refresco de limón.**
   ◆ Muy bien, ahora mismo.
   ● **¿Cuánto es?**
   ◆ Son cuatro diez.

2 • ¿Qué quiere tomar?
  ◆ Un zumo de naranja.
  • **¿Y usted, señor Martínez?**

3 • ¿Quieres un café?
  ◆ **Sí, gracias.**
  • ¿Solo o con leche?
  ◆ **Solo, pero con azúcar.**

Page 38 Quiz

1 Oiga, dos cervezas, por favor; *2* Un zumo de naranja, por favor; *3* ¿Quieres tomar algo? *4* Sí, gracias; *5* azúcar; *6* un cortado; *7* Para mí, una cerveza; *8* dos tés, dos vinos, dos cervezas, dos cafés, dos bocadillos; *9* 76; *10* Para mi hijo.

Repaso 1

Pages 39–42

1 • Hola, Rodolfo, ¿qué tal?
  ◆ Muy bien, ¿y tú?
  • Bien, gracias. ¿De dónde eres?
  ◆ Soy **italiano**, de **Orvieto.**
  • ¿Qué haces?
  ◆ **Soy ingeniero.**
  • Y, ¿estás casado?
  ◆ **Sí, estoy casado.**
  • Y, tu mujer, ¿es italiana, también?
  ◆ No, **mi mujer es escocesa.**
  • Y, ¿qué hace tu mujer?
  ◆ **Es profesora de inglés.**
  • ¿Tienes hijos?
  ◆ Sí, **tengo un hijo** que se llama Vittorio.
  • ¿Cuántos años tiene?
  ◆ **Tiene seis años.**
  a italiano; b Orvieto; c ingeniero; d casado; e escocesa; f profesora; g un hijo; h seis años

2 • Isabel, ¿de dónde eres?
  ◆ **Soy española**, de Córdoba.
  • Y, ¿cuántos años tienes?
  ◆ **Tengo veinte años.**
  • ¿Tienes hermanos?
  ◆ Sí, **tengo dos hermanas y dos hermanos**. Y tú, Paul, eres inglés, ¿verdad?
  • No, **soy irlandés**, de Dublín.
  ◆ ¿Cuántos años tienes?

• **Tengo veintinueve años.**
  ◆ Y, ¿tienes hermanos?
  • Sí, **tengo un hermano** que se llama Patrick.
  Isabel – española, 20, dos hermanos y dos hermanas; Paul – irlandés, 29, un hermano.

3 • ¿Qué van a tomar?
  ◆ Para mí, **una cerveza.**
  • Y para mí, **un café.**
  ◆ Paul, toma mi teléfono, es **el cuatro, quince**, **noventa y dos**, **cincuenta y tres.**
  • Y mi teléfono es **el cero uno siete uno**, **siete ocho cero**, **uno seis seis dos.**
  Isabel – cerveza, 4 15 92 53; Paul – café, 0171 780 1662.

4 • ¿Cuánto es?
  ◆ La cerveza es un euro sesenta y el café son noventa céntimos.
  • Gracias.
  cerveza – 1,70 €; café – 0,90 €.

5 • un euro veintisiete or uno veintisiete.
  ◆ tres doce.
  • siete noventa y uno.
  ◆ ocho cuarenta y cinco.

7 Dinamarca (Denmark) veintitrés 23; Grecia (Greece) ciento doce **112**; Noruega (Norway) dieciocho 18; Suecia (Sweden) noventa y siete **97**; Suiza (Switzerland) cincuenta y seis **56**; Bélgica (Belgium) setenta y uno **71**; Holanda (Holland) ciento veintidós **122**.

8 *a* Sí, gracias; *b* ¡Oiga, por favor!; *c* Mucho gusto; *d* Bien, gracias; *e* Hola, buenos días; *f* Hasta luego.

9 *a* ¿Cómo te llamas? *b* ¿Cuántos años tienes? *c* ¿Qué haces? *d* ¿Estás casada?

10 mujer; irlandesa; gracias; Ésta; Buenos; soltero; café; Adiós; favor. *The hidden word is* ENCANTADA – *pleased to meet you (said by a woman).*

11 *a* verdadero; *b* verdadero; *c* verdadero; *d* falso.

12 **Soy** fotógrafo. **Soy** catalán, de Barcelona. **Tengo** 44 años. **Estoy** casado con

Paula, que es italiana, de Roma. Es pintora. **Tengo** dos hijos: Ariana, **mi** hija, tiene quince años, y **mi** hijo Ezio tiene dieciocho años. **Mi** hermana Vitoria es diseñadora. **Mi** hermano Ricardo es arquitecto.

Unit 5

Pages 44 & 45 Asking where something is and asking for help to understand

2 ● ¿Dónde está el museo?
   ◆ El museo está aquí, en el centro.
   ● Ah, sí. ¿Y la oficina de turismo?
   ◆ En la calle Rueda. La catedral está cerca. Y el ayuntamiento está en la plaza Mayor.
   ● ¿La estación está lejos?
   ◆ Sí, mira está allí.
   a El museo; b la estación; c el ayuntamiento; d la catedral; e la oficina de turismo.

4 cien metros; ciento cincuenta metros; doscientos cincuenta metros; quinientos metros

6 ● Perdone, ¿dónde están las tiendas?
   ◆ Pues, están por allí. A quinientos metros, a quince minutos a pie.
   ● No entiendo. ¿Puede repetir, por favor?
   ◆ A quinientos metros, a quince minutos a pie.
   ● Gracias.
   ◆ De nada.
   She asks him to repeat. 500 metres.

7 ● ¿Dónde está la catedral?
   ● ¿Dónde está la oficina de turismo?
   ● ¿Dónde está el museo?
   ● ¿Dónde están los bares?

Pages 46 & 47 Saying where you live and work

2/3
   ● ¿Dónde vives, **Luisa**? ¿En el centro de la ciudad?
   ◆ No. Vivo **en las afueras, en un chalet**.
   ● Y tú, **Jaime**, ¿dónde vives?

   ◆ Yo vivo en **el centro, en un piso** con mi hermana.
   ● Y **Olga**, ¿dónde vives tú?
   ◆ **En un pueblo** a diez kilómetros de la ciudad. Vivo **en una casa** con mis padres y mi hermano.
   Luisa – suburbs, un chalet; Jaime – centre, un piso; Olga – a town, una casa

4 ● ¿Cuál es tu dirección?
   ◆ Vivo en la avenida Esparteros, **21**.
   ● Vivo en la plaza de Roma, **2**.
   ● Vivo en la calle Mayor, **19**.
   Luisa – 21; Jaime – 2; Olga – 19

6 ● **Luisa**, ¿dónde trabajas?
   ◆ Trabajo **en una tienda**. Soy dependienta.
   ● ¿Y tú, **Jaime**? ¿Dónde trabajas?
   ◆ Yo trabajo **en una empresa de contabilidad**.
   ● **Olga**, ¿tú trabajas?
   ◆ Sí, trabajo **en una escuela**. Soy profesora de geografía.
   Luisa – a shop; Jaime – an accountancy firm; Olga – a school

7 ● ¿Dónde **trabajas**?
   ◆ En una empresa de telecomunicaciones.
   ● Vives en la plaza del Olivar, ¿verdad?
   ◆ No, ahora **vivo** en la calle Goya.
   ahora = now

Page 48 Put it all together

1 *a* el bar, el teatro, la catedral
  b los pueblos, las ciudades, las afueras
  c la cerveza, el té, el café
  d el padre, la madre, los hijos
  e la calle, la plaza, la avenida

2 *a* Vivo en la calle Colón, 75; *b* Está aquí en el centro; *c* No, está muy cerca; *d* Trabajo en un hospital; *e* No, soy enfermera; *f* No, está en las afueras.

3
a ● ¿Dónde **vives** tú?
    ◆ **Vivo** en la plaza Mayor, 67.
b ● Ian, usted **vive** en Escocia, ¿verdad?
    ◆ Sí, **vivo** con mi hermano en Edimburgo.
c ● Mari Cruz **vive** en un piso en el centro.
d ◆ Sr. Pérez, ¿dónde **trabaja** usted?

- **Trabajo** en una empresa de contabilidad.

e ◆ Laura, **¿trabajas** en una oficina?
   ● No, **trabajo** en una escuela. Soy profesora.

f ◆ Jaime **trabaja** en un bar.

Page 49 Now you're talking!

1 ● **Perdone, ¿dónde está la calle Carneros?**
   ◆ Está en el centro del pueblo.
   ● **Gracias. ¿Está lejos?**
   ◆ No, no está muy lejos – a quinientos metros.
   ● **¿Puede repetir?**
   ◆ A quinientos metros.
   ● **Gracias. Adiós.**

2 ● Tú no eres de Hermosilla, ¿verdad?
   ● **No, no soy de Hermosilla. Soy + your nationality.**
   ◆ ¡Ah! Y, ¿dónde vives?
   ● **Vivo en + name of your home town.**
   ◆ Y, ¿qué haces?
   ● **Soy + your occupation. Trabajo en + your workplace.**

3 ● **¿Dónde vives?**
   ◆ Muy cerca; allí, en la plaza Mayor.
   ● **¿Trabajas en Hermosilla?**
   ◆ No, trabajo en la capital, a sesenta kilómetros.

Page 50 Quiz

1 estar; *2* ¿Dónde está la calle Arenal? *3* la estación; el restaurante; las calles; los bares; *4* e.g. el museo, el ayuntamiento, la catedral, la tienda, el teatro, el supermercado; *5* no; *6* ¿Puede repetir? *7* Where does he/she live?/Where do you (formal) live?; *9* I don't understand; *10* quinientos noventa y ocho.

Unit 6

Page 52 Asking what there is in town

3 ● ¿Hay **un banco** por aquí?
   ◆ Sí, **hay dos.**
   ● ¿Hay restaurantes?
   ◆ Sí, **hay varios restaurantes** y muchos bares.
   ● ¿Hay piscina?

◆ No, **no hay piscina.**
two banks, several restaurants, no swimming pool

4 ● ¿Hay una farmacia por aquí?
   ◆ ¿Hay cine?

Page 53 Finding out when it's open

2 ● Milagros, ¿está el banco abierto?
   ◆ No, está cerrado. Abre a las nueve y media.
   ● ¿A qué hora cierra?
   ◆ A la una y media.
   a falso; b falso; c verdadero.

3 ● ¿A qué hora abre la farmacia?
   ◆ Abre a las diez y cierra a la una y media. Por la tarde abre de cinco a ocho.
   ● ¿Y el supermercado?
   ◆ Está abierto de nueve de la mañana a ocho de la tarde.
   chemist's – opens 10, shuts 1.30, opens 5 till 8 p.m.; supermarket – opens 9 a.m., shuts 8 p.m.

Pages 54 & 55 Understanding where a place is and how to get there

2 ● Mira, hay **un restaurante** aquí, **a la izquierda. El Hotel Victoria** está **a la derecha. La farmacia** está **enfrente del bar. El banco** está **al lado de la farmacia. Hay un parque al final de la calle.**

3 ● ¿Hay un restaurante por aquí?
   ◆ Hay uno **al final de la calle, al lado del supermercado.** *(at the end of the street, next to the supermarket)*

5 ● Tome la segunda a la izquierda y siga todo recto. Está a la derecha.
   b is correct.

6 ● Perdone, ¿hay una farmacia por aquí?
   ◆ Hay una en la plaza Ronda. **Tome la primera a la izquierda** y después **siga todo recto hasta la plaza.** Allí está.
   Take the first left; go straight on to the square.

7 ● ¿El Restaurante Picón? Sí, está muy cerca.
   ◆ **Siga todo recto, tome la segunda a**

la izquierda, después la primera a la derecha. Allí está el restaurante.
Straight on, second left, first right.

Page 56 Put it all together

1 *a* Abre a las nueve; *b* Está cerrado; *c* A las ocho.

2 ● Perdone, ¿**hay** un restaurante **por aquí?**
 ◆ Sí, hay varios. Hay uno aquí en la plaza, **al lado del** museo.
 ● ¿Y hay una farmacia?
 ◆ Sí, hay una en la calle Cisneros, **enfrente del** supermercado.
 Tome la primera a la **derecha.** La farmacia está allí **a la izquierda.**

Page 57 Now you're talking!

1 ● Perdone, ¿**hay una oficina de turismo por aquí?**
 ◆ Sí, a doscientos metros, a la derecha.
 ● **A doscientos metros, a la derecha. ¿Dónde está el banco?**
 ◆ A cien metros, pero ahora está cerrado.
 ● **¿A qué hora abre?**
 ◆ A las nueve y media de la mañana.
 ● **¿A qué hora cierra?**
 ◆ A la una y media.
 ● **Gracias. Adiós.**

2 ● **¿Hay un mercado por aquí?**
 ◆ Sí, en la plaza del Mercado. Tome la segunda a la derecha y siga todo recto.
 ● **La segunda a la derecha y todo recto. Gracias, adiós.**

3 ● **El museo está cerrado.**
 ◆ ¿Sí? ¿A qué hora cierra?
 ● **A las cuatro.**
 ◆ ¿A qué hora abre?
 ● **Abre a las diez de la mañana.**

Page 58 Quiz

1 near here; *2* No hay un mercado;
3 enfrente **del** banco; al lado **de la** farmacia;
4 right; *5* El hospital está en la plaza; *6* open; *7* probably closed; *8* Cierra **a las** siete; *9* department stores; *10* A las 9.30 de la mañana.

Unit 7

Pages 60 & 61 Asking for something in a shop and understanding the price

2 postales (postcards); crema para el sol (suntan lotion); periódico inglés (English newspaper); tiritas (sticking plasters); guía de carreteras (road map); sellos (stamps)
postcards, stamps – estanco; newspaper, road map – quiosco; suntan lotion, plasters – farmacia

3 ● Hola, buenos días. ¿Qué desea?
 ◆ Hola, **quería** un bonobús.
 ● Aquí tiene.
 ◆ Y, ¿**tiene** periódicos ingleses?
 ● Sí, *The Guardian* y *The Times.*

5 ● **¿Cuánto cuestan estas postales?**
 ● A ver, tres postales, son uno ochenta.
 ● **¿Y cuánto cuesta un sello** para Gran Bretaña?
 ◆ Cuarenta y un céntimos.
 ● Quería tres sellos.
 ◆ Tres sellos son uno veintitrés.

6 ● Hola. ¿Tiene guías de carreteras?
 ◆ Sí, tengo ésta.
 ● Pero ésta es muy cara. ¿Tiene otras?
 ◆ Lo siento, no tengo otra.

7 ● Hola, buenas tardes. Quería unas aspirinas.
 ◆ Aquí tiene.
 ● ¡Ah! Y unas tiritas y un paquete de vitamina C.
 ◆ Son siete treinta.
 ● Aquí tiene.
 ◆ Su cambio, dos setenta.
 aspirins, plasters, vitamin C; total 7,30 €; change 2,70 €

8 ● ¿Cuánto cuestan estas gafas de sol?
 ◆ Éstas cuestan doce euros.
 ● ¿Y este bolso?
 ◆ Treinta euros.
 ● ¿Cuánto cuesta esta revista?
 ◆ ¿Ésta? Un euro.
 sunglasses: 12 €; handbag: 30 €; magazine: 1 €

9 • ¿Cuánto cuesta esta revista?
  • ¿Cuánto cuestan estas gafas de sol?

10 *a* ¿Tiene sellos? ¿Tiene revistas inglesas?
    ¿Tiene crema para el sol?
  b ¿Cuánto cuesta esta guía de carreteras?
    ¿Cuánto cuestan estas tiritas? ¿Cuánto
    cuesta un sello para los Estados
    Unidos?

Pages 62 & 63 Buying food and shopping in the market

1 • Berta, ¿qué quieres comprar?
  ◆ Pues, **cien gramos de jamón; medio
    kilo de queso; un paquete de
    mantequilla; un kilo de azúcar; una
    barra de pan; una botella de vino
    tinto; un litro de agua mineral;
    medio litro de aceite de oliva; una
    lata de sardinas.**
  a stick of bread

3 • Me da **medio kilo** de este queso y
    doscientos gramos de jamón.
    Y **póngame una lata** de atún.
  half a kilo of cheese; 200 g ham.

4 • Póngame medio kilo de melocotones,
    medio kilo de plátanos y un kilo de
    cebollas.
  *half a kilo of peaches; half a kilo of
  bananas; a kilo of onions*

5 • Póngame **medio kilo de tomates**. ¡Ah!
    Y me da **un melón.**
  ◆ **¿Algo más?**
  • **No, nada más.**

6 • un kilo de queso, un kilo de manzanas,
    una botella de vino tinto, una lata de
    tomate
  ◆ doscientos gramos de jamón, un litro
    de aceite de oliva, una barra de pan, un
    paquete de café.

Page 64 Put it all together

1 *a* una **botella** de vino; *b* medio **kilo** de
    azúcar; *c* un **paquete** de mantequilla;
    d una **lata** de tomate; *e* una **barra** de pan;
    f una **botella** de agua.

2 • Hola, ¿que desea?
  ◆ **Quería** un kilo de manzanas. **¿Cuánto
    cuestan?**

• 3,20 € el kilo.
  ◆ Bien. **Me da** también medio kilo de
    fresas.
• ¿Algo más?
  ◆ No, **nada más.**

3 leche, champiñones; queso; patatas;
  azúcar; fresas; vino blanco; plátanos;
  atún; melón; pan

4 *a* 198 €; *b* 466 €; *c* 739 €; *d* 999 €.

Page 65 Now you're talking!

1 • Buenos días, ¿qué desea?
  ◆ **Póngame un kilo de patatas y medio
    kilo de champiñones.**
• ¿Algo más?
  ◆ **¿Tiene fresas?**
• No, lo siento.
  ◆ **Me da medio kilo de plátanos y un
    melón.**
• ¿Algo más?
  ◆ **Nada más, gracias.**

2 • ¿Qué desea?
  ◆ **Una barra de pan y un litro de leche.**
• ¿Algo más?
  ◆ **¿Cuánto cuesta este jamón?**
• Doce euros el kilo.
  ◆ **Póngame doscientos gramos de
    jamón y medio kilo de queso.**

3 • Hola, ¿qué desea?
  ◆ **¿Tiene sellos?**
• Sí, sí tenemos.
  ◆ **¿Cuánto cuesta un sello para
    Australia?**
• Setenta y cinco céntimos.
  ◆ **Me da dos sellos para Australia y uno
    para Francia.**

Page 66 Quiz

1 en el estanco; *2* Quería un bonobús;
3 ¿Tienen revistas? *4* ¿Cuánto cuestan?
(revistas inglesas, melones), ¿Cuánto cuesta?
(el aceite de oliva); *5* Un sello para Argentina,
por favor; *6* queso, jamón y pan; *7* una lata
de atún; una botella de agua mineral, un
paquete de café; *8* cebollas y champiñones;
9 888 euros; *10* cheese shop, una tienda de
deportes.

Repaso 2

Pages 67–70

1 • Buenos días, señoras y señores. Bienvenidos a Villagracia. Les recomiendo visitar la catedral, que está en la plaza Mayor, a cinco minutos a pie. La entrada es gratis, de las diez de la mañana a las seis de la tarde. El castillo está en las afueras, a veinte minutos a pie. Está abierto de las diez de la mañana a las cuatro de la tarde. La entrada cuesta tres euros cuarenta. Las ruinas prehistóricas también están en las afueras, a diez minutos. La entrada es gratis. Están abiertas todo el día.

The cathedral – in the Plaza Mayor, 5-minute walk; the castle – in the outskirts, 20-minute walk; the ruins – also in the outskirts, 10-minute walk.

2 *a* Yes, entrance is free, but it's open until 6 p.m. *b* No, entrance costs 3,40 € and it's open from 10 a.m. until 4 p.m. *c* No, entrance is free.

3 • ¿Hay una farmacia por aquí?
◆ Sí, hay una en la avenida de Oporto, enfrente del bar.
• ¿Dónde está el banco?
◆ Allí, al lado del bingo.
• ¿Hay un supermercado cerca?
◆ Sí, muy cerca. En la avenida de Oporto, al lado del cine.
• Muy bien, muchas gracias.
chemist's: 6; bank 2; supermarket 5

4 • **Dos barras** de pan, **un litro** de leche, **un paquete** de mantequilla, **tres latas** de atún, **medio kilo** de queso, **150 gramos** de jamón.

5 • Dos barras de pan – **uno treinta y cuatro**; un litro de leche – **uno diecinueve**; un paquete de mantequilla – **uno treinta y cinco**; tres latas de atún – **tres treinta**; medio kilo de queso – **cuatro noventa**; ciento cincuenta gramos de jamón – **dos dieciséis**.
bread 1,34 €; milk 1,19 €; butter 1,35 €; tuna 3,30 €; cheese 4,90 €; ham 2,16 €

6
1 Quiero un piso cerca del hospital donde trabajo.
2 Quiero vivir en las afueras, no muy lejos de mi colegio.
3 Quiero vivir a diez minutos a pie del bar donde trabajo.
4 Quiero una casa en el centro, cerca de mi empresa.
1 enfermero; 2 profesora; 3 camarero; 4 contable.

7 • ¿Cómo te llamas?
◆ **Carlos.**
• ¿Y tu apellido?
◆ **Goroiza.**
• ¿De dónde eres?
◆ Soy **vasco.**
• ¿Cuántos años tienes?
◆ **Veintisiete años.**
• ¿Cuál es tu dirección?
◆ **Avenida Jerte, treinta y nueve.**
• Gracias. ¿Trabajas?
◆ Soy **pintor.**
• ¿Tienes teléfono?
◆ Sí, es **el dos, cuarenta y cinco, setenta y ocho, dieciséis.**
Nombre: Carlos; Apellido: Goroiza, Nacionalidad: vasco; Edad: 27; Dirección: Avenida Jerte, 39; Profesión: pintor; Teléfono: 2 45 78 16

8
a • Por favor, ¿la oficina del señor López?
◆ **La primera a la izquierda.**
b • ¿La oficina de la señora Martínez, por favor?
◆ **La segunda a la derecha.**
c • ¿La oficina del señor Rico, por favor?
◆ **La segunda a la izquierda.**
a First on the left; b Second on the right; c Second on the left

9 *a* ¿Cómo se llama? *b* ¿Cuántos años tiene? *c* ¿Dónde vive? *d* ¿Cuál es su dirección? *e* ¿Qué hace? *f* ¿Dónde trabaja?

10 *a* ¿Hay un estanco por aquí? *b* ¿Tiene sellos? *c* ¿Cuánto cuesta? *d* ¿Cuánto cuestan? *e* ¿Puede repetir? *f* Lo siento, no sé.

11 *a* este; *b* estos; *c* estas; *d* esta.

12 Quiosco: periódicos, revistas, postales.
Estanco: sellos, cigarros.
Farmacia: tiritas, aspirinas, crema para
el sol
Supermercado: queso, azúcar, jamón

13 The cathedral is *opposite* the town hall;
the Palacio Cortera is in the *calle Dueñas*;
the Mirillos Restaurant is *next to* the
Palacio Cortera.

Unit 8

Page 72 Checking in at the hotel

2/3
Señora Sierra
- ● Buenas tardes. Tengo una habitación
reservada a nombre de la Sra. Sierra.
- ◆ Un momento, por favor. Sí, una
habitación doble, con baño. Tiene
la número ciento diez, en la primera
planta. Aquí tiene la llave.
Señor Gari
- ● Buenos días.
- ◆ Buenos días. Tengo una habitación
reservada a nombre de Alfredo Gari.
- ● Una habitación doble con cama de
matrimonio y baño. La habitación
número cinco, en la planta baja. Me da
su pasaporte, ¿por favor?
- ◆ Aquí tiene.
Señora Balduque
- ● Buenas tardes.
- ◆ Buenas tardes. Tengo una habitación
reservada a nombre de Lola Balduque.
- ● Una habitación individual con baño,
¿verdad?
- ◆ Sí, para esta noche.
- ● Su habitación es la número doscientos
cinco, en la segunda planta.
- ◆ El ascensor, ¿por favor?
- ● El ascensor está aquí mismo a la
izquierda.
*Sra. Sierra – double with bath; number 110
first floor; Sr. Gari – double bedded room
with bath, number 5 ground floor; Sra.
Balduque – single with bath, number 205
second floor. The lift is here on the left.*

Page 73 Finding a hotel room

2 ● Buenas tardes. ¿Tienen habitaciones
libres?
- ◆ Sí, señor. ¿Individual o doble?
- ● Quisiera una habitación doble para dos
noches – **martes** y **miércoles**.
- ◆ Un momento. Sí, tenemos una
habitación.
Tuesday and Wednesday

3 María **LÓPEZ**.

4 ● Buenas tardes. ¿Tienen habitaciones
libres?
- ◆ Sí, señor. ¿Individual o doble?
- ● Quisiera una habitación doble para dos
noches – martes y miércoles.
- ◆ Un momento. Sí, tenemos una
habitación. Su nombre, ¿por favor?
- ● Juan Maeztu.
- ◆ ¿Cómo se escribe?
- ● **MAEZTU.**

5 ● Quisiera una habitación individual con
baño para esta noche.
- ◆ Quisiera una habitación doble con dos
camas para tres noches.
- ● Quisiera una habitación doble con
cama de matrimonio y con ducha para
cinco noches.
- ◆ Quisiera una habitación doble con dos
camas para dos noches, viernes
y sábado.

Page 74 Booking ahead by phone

2
a ● Hotel Sol, ¿dígame?
- ◆ Buenos días. Quisiera reservar una
habitación.
- ● ¿Para cuándo?
- ◆ Para dos noches, **el dieciséis** y **el
diecisiete** de **julio**.
- ● Muy bien, señora.

b ● Hotel Sol, buenos días.
- ◆ Buenos días.
- ● Quisiera reservar una habitación doble
con baño.
- ◆ ¿Para cuántas noches?
- ● Para cinco noches. Desde **el veinticinco
de febrero**.
- ◆ Vale, de acuerdo.

c
● Hotel Sol, ¿dígame?
◆ Buenas tardes. Quisiera reservar una habitación.
● ¿Para cuándo?
◆ Para una semana en **agosto**, desde **el uno** hasta **el siete** de agosto.
● Lo siento, la primera semana de agosto el hotel está completo.

Page 75 Making requests

2 *a Sr. López*
● Buenas tardes.
◆ Buenas tardes, Sr. López.
● La cuenta, por favor.
◆ Un momento. Aquí tiene.
● **¿Puedo pagar con tarjeta de crédito?**
◆ Sí, por supuesto.

b Sra. Ribera
● Buenos días.
◆ Buenos días. Tengo una habitación reservada a nombre de María Ribera.
● Sí, aquí está la reserva. Tiene la habitación ciento cuatro.
◆ **¿Puedo llamar por teléfono desde aquí?**
● Sí, claro.

c Sr. Romero
● Buenas tardes, señor Romero.
◆ Buenas tardes.
● **¿Puedo dejar mi maleta aquí?**
◆ Sí, por supuesto.

d Sra. Gordillo
● Soy la señora Gordillo. **¿Puedo hablar con el director?**
◆ Sí, ahora mismo viene.

e Los señores Molina
● Buenos días, señores.
◆ Buenos días. ¿Tienen una habitación libre?
● ¿Una habitación doble?
◆ Sí, doble con baño.
● Tenemos una libre en la planta primera.
◆ **¿Podemos ver la habitación?**
● Sí, claro.
a pay by credit card; b make a phone call; c leave a case in reception; d talk to the manager; e see the room.

3 ● Buenos días.
◆ Buenos días. ¿Podemos aparcar el coche aquí cerca?
● Sí, el aparcamiento del hotel está **a la izquierda de la entrada**.
◆ Muchas gracias.
● De nada.
Park at the left of the entrance to the hotel.

4 ● ¿Puedo ver la habitación?
◆ ¿Puedo pagar con tarjeta de crédito?

Page 76 Put it all together

1 *a* Tengo una habitación reservada; *b* ¿Tienen habitaciones libres? *c* Quisiera una habitación; *d* ¿A nombre de …? *e* ¿Para cuántas noches? *g* ¿Puedo …?

2 ● Buenos días, ¿**tienen** habitaciones libres?
◆ ¿Para cuántas noches?
● **Para** dos noches.
◆ ¿**Individual** o doble?
● Individual y con baño, por favor.
◆ Sí, tenemos una habitación.
● ¿**Cuánto** cuesta?
◆ **Son** 30 euros por noche.
● Vale, de acuerdo.

3 *a* falso; *b* falso; *c* verdadero; *d* falso.

Page 77 Now you're talking!

1 ◆ **Hola, buenos días. Tengo reservada una habitación.**
● ¿Su nombre, por favor?
◆ **Alice Benson.**
● Una habitación doble con baño, ¿verdad? Para tres noches.
◆ **No, para cuatro noches.**
● Un momento, ¿cómo se escribe su nombre?
◆ **BENSON.**
● Ah, sí. Perdone, señora. Una habitación doble para cuatro noches.

2 ● Hotel Miramar, ¿dígame?
◆ **Hola, quería reservar una habitación doble con baño para julio.**
● ¿Para cuándo en julio?
◆ **Desde el quince al veintiuno.**

- Lo siento, pero el día 15 está completo. El día 16 tenemos una habitación libre.
- **De acuerdo.**
- Muy bien, una habitación doble desde el 16 al 22 de julio. ¿Su nombre, por favor?

Page 78 Quiz

1 Quisiera una habitación doble con baño; *2* Para esta noche; *3* julio; *4* desde el lunes hasta el miércoles; *5* ground floor; *6* hasta el 5 de agosto; *7* if breakfast is included; *8* puedo (can I), podemos (can we); *9* either lunch or supper; *10* Quisiera pagar con tarjeta de crédito.

Unit 9

Pages 80 & 81 Asking about public transport and finding out travel times

2
- ¿Cómo **se puede ir** al centro?
- Se puede ir **en tren** o **en autobús.**
- ¿Cuál es mejor?
- El **tren** es más rápido.

3
- Hola, buenos días.
- Hola. ¿Cómo se puede ir a Toledo?
- Se puede ir **en tren** o **en autobús.**
- ¿Cuál es mejor?
- Bueno, **el autobús es más rápido y también es más barato.**

a verdadero; b falso; c verdadero

4
- ¿Cómo se puede ir a Salamanca?
- ¿Cómo se puede ir a la estación?

6 *Almería*
- Por favor, ¿a qué hora **sale** el tren para Almería?
- **A las doce treinta y cinco.**
- ¿Y a qué hora **llega**?
- **A las veintiuna veinticinco.**
Córdoba
- Por favor, ¿a qué hora sale el tren para Córdoba?
- **Sale a las diez de la noche** y llega a **las seis de la mañana.**
Soria
- Por favor, ¿a qué hora sale el tren para Soria?
- Para Soria … **sale todos los días a las**

trece quince y **llega a las dieciséis horas.**
Almería – leaves 12.35, arrives 21.25; Córdoba – leaves 10 p.m., arrives 6 a.m.; Soria – leaves 13.15, arrives 16.00

7
- ¿**A qué hora sale el próximo autobús para la playa?**
- **A las catorce cuarenta y cinco.** Es el número siete.

8
- ¿A qué hora sale el tren para Barcelona?
- ¿A qué hora llega a Barcelona?
- ¿A qué hora llega de Madrid?

Pages 82 & 83 Buying tickets and checking travel details

2
- Quería un billete para Málaga, **de segunda clase**, para **mañana.**
- ¿De ida o de ida y vuelta?
- **De ida y vuelta.** ¿Cuánto es el billete?
- Son 25 euros.

3 *La Coruña*
- Buenos días. Quería un billete para La Coruña, **de ida, para mañana. De segunda**, por favor.
Ponferrada
- Quería un billete **para hoy**, para Ponferrada.
- ¿De ida y vuelta?
- No, **de ida.**
- ¿De primera?
- Sí, **de primera.**
Pamplona
- Quería un billete **de ida y vuelta** para Pamplona, **para el día catorce. La vuelta para el día veintidós. De segunda** clase, por favor.
La Coruña – single, 2nd, tomorrow; Ponferrada – single, 1st, today; Pamplona – return, 2nd, 14th/22nd

4
- Quería un billete de ida para Málaga para hoy.
- Quería un billete de ida y vuelta para mañana, de segunda.

6 *viajero 1:*
- Hola, buenos días. Quiero ir a Bilbao en el tren de las ocho. ¿Tengo que reservar plaza?
- ◆ Sí, sí, tiene que reservar.

viajero 2:
- Perdone, ¿dónde tengo que bajar?
- ◆ En la próxima estación.

viajero 3:
- Quería un billete para Almazán, para hoy.
- ◆ ¿De primera?
- Sí. El tren, ¿es directo?
- ◆ No, tiene que hacer transbordo en Medina.

viajero 1 – book a seat; viajero 2 – get off at the next station; viajero 3 – change at Medina.

7
- Atención, señores viajeros. El tren procedente de Teruel llega a las doce treinta y cinco, andén catorce.
- ◆ El tren procedente de Zaragoza llega a las doce cuarenta y cinco, andén seis.
- El tren de Lérida tiene diez minutos de retraso. El andén es el número seis.
- ◆ El tren procedente de Sabadell llega a las doce quince, andén once.

Teruel – correct; Zaragoza: platform 6 not 16; Lérida – train from Lérida will arrive 10 minutes late, platform 6 not 7; Sabadell – 12.15, platform 11 not 12.

8 Atención, señores viajeros. El tren **para** Málaga sale del andén 2 a las 14.35. El tren **de** Málaga tiene 5 minutos de retraso. Llega al andén **12**.

Page 84 Put it all together

1 *a* ¿**Hay** un autobús para Santander? *b* ¿Cómo **se puede** ir a Gerona? *c* ¿A qué hora **sale** el tren? *d* ¿**Tengo que** hacer transbordo? *e* Quería un billete **de ida y vuelta**; *f* ¿Tengo que **bajar** aquí?

2 *a* 4; *b* 2; *c* 6; *d* 5; *e* 1; *f* 3.

3 *a* El autobús es más barato; *b* El tren es más rápido; *c* La cerveza es más barata.

4 *a* a las diez cuarenta; *b* a las doce diez; *c* a las dieciséis veinticinco; *d* a las veintidós cincuenta y cinco.

Page 85 Now you're talking!

1
- **¿Cómo se puede ir a Santa María?**
- ◆ Se puede ir en tren o en autobús.
- **¿El tren es caro?**
- ◆ No, no. Pero el autobús es más barato.

2
- **¿A qué hora sale el tren para Santa María?**
- ◆ A las 09.10.
- **¿A qué hora llega?**
- ◆ A las 10.35.
- **¿Tengo que hacer transbordo?**
- ◆ No, es un tren directo.
- **¿Cuánto cuesta un billete de ida y vuelta?**
- ◆ 22,50 euros.

3
- **Quería cuatro billetes de ida y vuelta.**
- ◆ ¿Para cuándo?
- **Para el veinte de mayo.**
- ◆ Aquí tiene sus billetes. Son 90 euros.

4
- ¿A qué hora sale?
- ◆ **Sale a las ocho cuarenta y cinco y llega a las doce treinta y cinco.**
- ¿Es directo?
- ◆ **No, tiene que cambiar en Palencia.**

Page 86 Quiz

1 más fuerte, más alto; *2* andén; *3* Tengo que llamar por teléfono; *4* to change trains; *5* un billete para Toledo; *6* lento, barato; *7* Llega a las cinco y veinte; *8* Departures; *9* Is the train late?

Unit 10

Page 90 Asking about items on the menu

2   ● ¿Una mesa para tres?
    ◆ Sí, una mesa para tres.
    ● ¿Qué van a tomar de aperitivo?
    ◆ Para beber dos vermús y una Coca-Cola.
    ● Y también, **una ración de boquerones en vinagre y unas aceitunas.**
    ◆ Muy bien.

3   ● De primero, tenemos **sopa del día, paella, cocido madrileño, ensalada mixta y judías blancas con arroz.**

4/5
    ● **¿Qué es cocido madrileño?**
    ◆ Lleva garbanzos, verduras, carne y zanahorias.
    ● Y, ¿cómo es la paella? **¿Lleva carne?**
    ◆ No, señora, no lleva carne. Lleva arroz, pimientos, tomates, calamares y mejillones.
    ● Muchas gracias.
    ◆ De nada.
Missing ingredients: cocido madrileño – carne (meat); paella – calamares (squid).

Page 91 Ordering a meal in a restaurant

2   ● **Para mí**, de primero, sopa de verdura.
    ◆ Yo **voy a tomar** judías blancas con arroz y **para** mi hija, ensalada mixta.

3   ● ¿Qué va a tomar?
    ◆ De primero, **sopa de verdura** y de segundo **tortilla de patatas.**
    ● ¿Y de postre?
    ◆ **Fruta del tiempo.**
    ● ¿Y para beber?
    ◆ Para beber, un agua mineral.
    ● ¿Con gas o sin gas?
    ◆ **Sin gas.**
She wants still water.

4   ● Voy a tomar (las) judías blancas con arroz.
    ● Voy a tomar (las) sardinas a la plancha.
    ● Voy a tomar (la) tortilla de patatas.
    ● Voy a tomar (el) besugo al horno.

Page 92 Saying what you like and don't like and paying compliments

2   ● ¿Qué tienen de postre?
    ◆ Tenemos melocotón, **flan con nata, tarta de manzana y queso.**

3   ● ¿Le gusta el queso, señor?
    ◆ Sí, **me gusta** mucho.
    ● Y a usted, señora, ¿le gusta el queso?
    ◆ Sí, **me gusta** el queso.
    ● **No me gusta** el queso manchego.
Señor likes it; Señora 1 likes it, but Señora 2 doesn't

4   ● Me gusta el vino tinto.
    ● Me gusta el queso.
    ● Me gusta el melón.

6   ● ¿Todo bien?
    ◆ **¡Perfecto!**
    ● El cocido **está buenísimo.**
    ◆ La tortilla de patatas **está deliciosa.**

7   ● Está muy buena esta tarta. ¿Te **gusta**, Lola?
    ◆ Me **gusta** mucho. Me **gustan** mucho las manzanas.

8   ● Me gustan los melocotones.
    ◆ Me gustan las fresas.
    ● Me gustan los quesos españoles.

Page 94 Put it all together

1   *a* roast; *b* baked; *c* fried; *d* with garlic; *e* in season; *f* grilled; *g* of the house

2   **primero:** ensalada, judías blancas con arroz, melón con jamón
    segundo: chuletas de cordero, cerdo, lenguado, pollo
    postre: helado, flan

3 *a* me gusta; *b* me gusta; *c* me gustan;
d me gustan; *e* me gustan; *f* me gusta

4 *a* Este vino está exquis**o**; *b* El queso está
muy buen**o**; *c* La tarta está buenísim**a**.

Page 95 Now you're talking!

- Buenas tardes. ¿Una mesa para dos?
- ◆ **Sí, para dos.**
- Aquí tiene el menú.
- ◆ **Gracias.**
- ¿Qué van a tomar?
- ◆ **Para mi hija, sopa, y para mí, paella.**
- ¿Y de segundo?
- ◆ **Filete y sardinas.**
- ¿Con patatas o ensalada?
- ◆ **Con patatas y ensalada.**
- Aquí tienen, el filete y las sardinas.
  ¡Que aproveche!
- ◆ **Para beber quería vino tinto de la
  casa.**
- ¿Un litro?
- ◆ **No, medio litro.**
- ¿Todo bien?
- ◆ **Sí, el pescado está buenísimo.**
- ¿Van a tomar postre?
- ◆ **¿Qué tienen de postre?**
- Flan con nata.
- ◆ **No me gusta la nata. Voy a tomar un
  flan sin nata.**

Page 96 Quiz

1 Una mesa para cuatro, por favor;
2 me gusta; *3* ajo (garlic); *4* ¿Lleva carne?
5 ¡Que aproveche! *6* cordero;
7 Está buenísima; *8* entremeses;
9 No me gusta la carne; *10* marisco

Repaso 3

Pages 97–100

1 *b* Perdone, ¿hay un bar por aquí?

2 - **Un café solo, por favor.**
   - ◆ Aquí tiene.
   - **¿Cuánto es, por favor?**
   - ◆ Son ochenta céntimos.
   - *1,20 € change*

3 - ¿Dónde está el Hotel Capitol?
   - ◆ Mire, está muy cerca de aquí, en la
     plaza de Santa Ana. Tome la primera a
     la derecha y siga todo recto. Está a diez
     minutos a pie.
   - *Near here, in plaza de Santa Ana; first right
     and straight ahead; ten minutes' walk.*

4
a - ¿A qué hora sale **el primer** tren para
       Sevilla **el miércoles** por la mañana?
b - ¿A qué hora llega **a** Sevilla?
c - ¿Cuánto **es** el billete **de ida**?

5 - Por favor, ¿a qué hora sale el primer
     tren para Sevilla el miércoles?
   - ◆ Pues, hay el AVE que sale a las nueve
     y cinco. Llega a Sevilla a las once
     cuarenta y cinco.
   - Quería un billete de ida, segunda clase.
     ¿Cuánto es?
   - ◆ Ochenta euros.
   - *Train leaves 09.05; arrives 11.45;
     80 euros.*

6 *c is correct.*

7 - ¿A nombre de quién, por favor?
   - ◆ **A nombre de + your name.**
   - ¿Me da su pasaporte, por favor?
     Gracias. Tiene usted **la habitación
     veintisiete**, en **la segunda planta**.
   - *She asks you for your passport; It's room 27
     on the second floor.*

8 - La libra está a un euro sesenta y uno.
     b is correct.

9 - El lunes voy a ir a Málaga. El martes
     voy en avión a Madrid. De Madrid voy
     a Barcelona, el miércoles. Estoy en
     Barcelona el jueves y el viernes voy a
     Roma.
   - *Mon: Málaga; Tues: Madrid; Wed:
     Barcelona; Thurs: Barcelona; Fri: Roma*

10
a - ¿Cómo se llama?
      - ◆ Me llamo Raúl Marques.
b - ¿Es español?
      - ◆ No, soy argentino.
c - ¿Dónde vive?

      ◆ Vivo en Buenos Aires.

d   ● ¿Está casado?

      ◆ Sí, estoy casado.

e   ● ¿Cómo se llama su mujer?

      ◆ Se llama Teresa.

f   ● ¿Tiene hijos?

      ◆ Sí, tengo un hijo – Carlos.

g   ● ¿Cuántos años tiene?

      ◆ Tiene cuatro años.

h   ● ¿Qué hace?

      ◆ Soy diseñador de moda.

i   ● ¿Habla inglés?

      ◆ Sí, hablo inglés, español, francés y un
        poco de catalán.

j   ● ¿Le gusta la comida española?

      ◆ Sí, me gusta mucho la comida española.

11 *a* 360 euros; *b* trescientos sesenta euros.

12 *a* Shell-fish and fried fish; *b* Yes;
    c Local wines; *d* Traditional cuisine from
    Andalusia.

grammar

Grammar explains how a language works. When you're learning a new language it really helps to learn some basic rules, which are easier to follow if you understand these essential grammatical terms.

Nouns are the words for living beings, things, places and abstract concepts: *daughter*, *designer*, *Rachel*, *shark*, *hat*, *village*, *Madrid*, *measles*, *freedom*.

Articles are **definite**: *the* house, *the* houses, or **indefinite**: *a* house, *an* area.

Gender: in Spanish every noun is either masculine (m) or feminine (f). This is its gender, and you need to know a noun's gender because words used with it, such as articles and adjectives, have corresponding masculine and feminine forms.

Singular means one; **plural** means more than one.

Personal pronouns are words that take the place of a noun to avoid repeating it, e.g. *you*, *she*, *him*, *we*, *it*, *they*, *them*.

Adjectives are words that describe nouns and pronouns: *good* idea; *strong red* wine; *my* fault; she's *tall*; it was *weird*. In Spanish, unlike English, their ending varies according to what they're describing.

Agreement: when a Spanish article or adjective is used with a noun, it has to agree with, i.e. match, that noun in terms of whether it's masculine or feminine, singular or plural.

The **endings** of words are the final letter(s). In English, a verb ending in -*ed* tells you it happened in the past. Endings are much more widespread in Spanish: nouns, adjectives and verbs rely on endings to convey essential information.

Verbs relate to doing and being, and are easy to recognise in English because you can put *to* in front of them: to live, to be, to speak, to explore, to think, to have, to need. This is the **infinitive** of the verb, the form you find in the dictionary. Spanish infinitives are identified by their ending, which is **-ar**, **-er** or **-ir**.

Regular verbs follow a predictable pattern, e.g. *I work, I worked, I have worked*; whereas **irregular** verbs are not predictable, e.g. *I eat, I ate, I have eaten*, and so have to be learnt separately.

G1 nouns

Every Spanish noun is either masculine (m) or feminine (f). The nouns for male people are masculine and females feminine: **el hombre** *man*, **la madre** *mother*, **el colega** *male colleague*, **la colega** *female colleague*; but there's no means of telling the gender of other nouns from their meaning: *car* is **el coche** while *street* is **la calle**. Some endings are an indication of gender – although there are plenty of exceptions.

masculine endings

-o	el banco *bank*
-aje	el equipaje *luggage*
-ambre	el hambre *hunger*
-án, -ón	el azafrán *saffron*, el corazón *heart*
-or	el dolor *pain*

feminine endings

-a	la comisaría *police station*
-ción, -sión	la situación *situation*, la decisión *decision*
-dad, -tad, -tud	la edad *age*, la amistad *friendship*, la magnitud *magnitude*
-ie	la serie *series*
-z	la paz *peace*, la vejez *old age*, la voz *voice*, la cruz *cross*
-sis, -itis	la crisis *crisis*, la bronquitis *bronchitis*
-umbre	la costumbre *custom*

G2 plural nouns

In the plural, nouns that end in …

- a vowel add -**s**: **ojo** *eye*, **ojos** *eyes*; **cabeza** *head*, **cabezas** *heads,* **diente** *tooth,* **dientes** *teeth;*
- a consonant add -**es**: **árbol** *tree*, **árboles** *trees;* **ciudad** *town*, **ciudades** *towns;*
- **n** or **s** after an accented vowel lose the accent and add -**es**: **excursión** *excursion*, **excursiones** *excursions;* **autobús** *bus*, **autobuses** *buses;*
- -**z** change the -**z** to -**ces**: **nariz** *nose;* **narices** *noses;* **una vez** *once,* **dos veces** *twice.*

> Most of the time you'll be understood if you use a wrong gender but a few nouns have different meanings depending on whether they're m or f, e.g. **el capital** *money*, **la capital** *capital city;* **el Papa** *the Pope*, **la papa** *potato.*

articles

In Spanish, the words for *the, a* and *some* depend on whether the noun with the article is masculine or feminine, singular or plural.

	the singular	*the* plural	*a/an*	*some*
m	**el vino**	**los vinos**	**un vino**	**unos vinos**
f	**la casa**	**las casas**	**una casa**	**unas casas**

El/un is used before a feminine singular noun beginning with stressed **a**, to avoid two **'a'** sounds next to each other.

El agua está fría. *The water's cold.*
Es un área natural protegida. *It's a protected nature area.*

El combines with: **a** *at/to* and **de** *from/of* to:
Vamos al cine esta noche. *We're going to the cinema this evening.*
El cine está cerca del restaurante. *The cinema is near the restaurant.*

Unos/unas *some* are used only with plural nouns, and are included in Spanish even when they're omitted in English: **Quería unos tomates, unos champiñones y unas cebollas** *I'd like some tomatoes, mushrooms and onions.*

Spanish doesn't use the indefinite article:
- with nouns denoting occupation or religion: **Es médico/Es médica.** *He/She's a doctor.* **Soy musulmán/a.** *I'm a Muslim.*
- after **qué** in exclamations: **¡Qué playa tan bonita!** *What a beautiful beach!*

Spanish uses the definite article more than English. It's most noticeable in generalisations: **los niños son el futuro** *children are the future;* and when talking about likes and dislikes: **me gustan las manzanas** *I like apples,* **no me gusta la leche** *I don't like milk.*
It's also used before:
- titles, when you're talking about (but not to) a person: **la señora Torres está bien** *Mrs Torres is well*
- institutions: **en el colegio** *at school;* **en el hospital** *in hospital*
- abstract nouns: **la guerra y la paz** *war and peace*
- languages, except after **hablar** *to speak,* **aprender** *to learn,* **saber** *to know* and **en** *in:* **el chino es difícil** *Chinese is difficult;* **hablo chino** *I speak Chinese.*

adjectives

In Spanish, an adjective agrees with what it describes according to whether that is masculine or feminine, singular or plural. An adjective is listed in the dictionary in the masculine singular form.

Adjectives ending in **-e** in the dictionary have two possible endings:

	Singular	plural
m	el vaso grand**e**	los vasos grand**es**
f	la casa grand**e**	las casas grand**es**

Adjectives ending in **-o** have four possible endings:

m	el vino blanc**o**	los vinos blanc**os**
f	la casa blanc**a**	las casas blanc**as**

Adjectives ending in a consonant also have four possible endings. Accents are not needed for the feminine or the plural:

m	el vino español	los vinos español**es**
f	el vino ingl**és**	los vinos ingl**es**es
	la casa español**a**	las casas español**as**
	la casa ingl**esa**	las casas ingl**es**as

A Spanish adjective generally goes after its noun when the two are together: **la música clásica, una consideración importante**. Sometimes though, it is put before the noun to give it special emphasis: **una importante consideración** a (really) important consideration.

Colours and nationalities always go after the noun: **vino blanco** white wine, **judías verdes** green beans, **cocina francesa** French cuisine.

Numbers always go before the noun: **primera división** first division, **segunda clase** second class.

Because of the different position of adjectives, Spanish abbreviations can be the opposite of their English counterparts, e.g. the Spanish for the EU is **la UE (la Unión Europea)**, the UN is **la ONU (la Organización de las Naciones Unidas)**, sometimes written **NN. UU.**

verbs

There are three groups of Spanish verbs, their infinitives ending in -**ar**, -**er** and -**ir**: **trabajar** *to work*, **comer** *to eat*, **vivir** *to live*. Removing -**ar**, -**er** and -**ir** leaves you with the verb stem: **trabaj-**, **com-**, **viv-**. Other endings can then be added to the stem to convey specific information: **trabajo** *I work*, **come** *s/he eats*, **viven** *they live*. Each of the three verb groups has sets of endings, which can be used for all regular verbs in that group.

regular verbs: present tense

This set of endings indicates that the verb is happening at the present time, conveying the English *I work, I'm working* and *I do work*.

		trabaj**ar**	com**er**	viv**ir**
yo	*I*	trabaj**o**	com**o**	viv**o**
tú	*you*	trabaj**as**	com**es**	viv**es**
usted él/ella	*you* *he/she* *it*	trabaj**a**	com**e**	viv**e**
nosotros/as	*we*	trabaj**amos**	com**emos**	viv**imos**
vosotros/as	*you*	trabaj**áis**	com**éis**	viv**ís**
ustedes ellos/ellas	*you* *they* m/f	trabaj**an**	com**en**	viv**en**

Verbs are always set out in this order, with or without the words for *I, you, s/he, we, they*. These tend to be included only for emphasis, contrast or clarification because the ending of the verb is generally enough to show who's doing something.

The **él/ella/usted** ending is also used to say '*it*' does something. The word *it* is not translated.

There are four words for *you*, and the verb has a different ending depending on which one you're using:
    tú *you*: someone you call by their first name
    usted *you*: someone you don't know well or an older person
    vosotros/vosotras *you*: more than one person you know well
    ustedes *you:* more than one person you don't know well

i.e. **tú** and **vosotros/as** are informal, while **usted** and **ustedes** are formal.

Other common verbs that are regular in the present tense include:

ayudar *to help*	**aprender** *to learn*	**abolir** *to abolish*
charlar *to chat*	**atender** *to deal with*	**abrir** *to open*
esperar *to wait for*	**beber** *to drink*	**decidir** *to decide*
evitar *to avoid*	**comprender** *to understand*	**descubrir** *to discover*
guardar *to save (file)*	**depender** *to depend*	**discutir** *to discuss*
llegar *to arrive*	**esconder** *to hide*	**escribir** *to write*
nadar *to swim*	**prometer** *to promise*	**imprimir** *to print*
olvidar *to forget*	**romper** *to break*	**sentir** *to feel*
sorprender *to surprise*	**tocar** *to play (instrument)*	**servir** *to serve*
viajar *to travel*	**toser** *to cough*	**sustituir** *to substitute*
cortar y pegar *to cut and paste*		

acompaño *I accompany*	**depende** *it depends*	**escriben** *they write*
ayudas *you help*	**corréis** *you run*	**decidimos** *we decide*

G7

asking questions

Written questions start with **¿** and end with **?**. Spanish questions don't use extra words like *do* or *does,* you either reverse the order of subject and verb, or simply raise the pitch of your voice at the end so that it sounds like a question.

Tu madre trabaja con ella. *Your mother works with her.*
¿Trabaja tu madre con ella? *Does your mother work with her?*
Llega tarde. *It's arriving late.*
¿Llega tarde? *Is it arriving late?*
Comprenden. *They understand.*
¿Comprenden? *Do they understand?*

G8

negatives

Do and *does* are not used in negatives either. To say something negative, you simply put **no** in front of the verb.

Trabajo en Valencia. *I work in Valencia.*
No trabajo en Valencia. *I don't work in Valencia.*
No comprenden. *They don't understand.*
¿No comprenden? *Don't they understand?*

G9

radical changing verbs

Some verbs with regular endings change the vowels **e** or **o** in their stem in the present tense, except for **nosotros** and **vosotros**.
The most common changes are:

e > ie querer *to want*, **quiero** *I want*, **queremos** *we want*
e > i (**-ir** verbs only) **pedir** *to ask for*, **pide** *he asks for*
o > ue costar *to cost*, **cuesta** *it costs*, **cuestan** *they cost*
Jugar *to play (a game)*, also changes its stem: **juego** *I play*, **jugamos** *we play*.

G10 key irregular verbs

Some of the most commonly used verbs are irregular, i.e. they don't follow the regular patterns and have to be learnt separately.

	ser	*to be*	**estar**	*to be*
yo	**soy**	*I am*	**estoy**	*I am*
tú	**eres**	*you are*	**estás**	*you are*
usted él/ella	**es**	*you are* *he/she is* *it is*	**está**	*you are* *he/she is* *it is*
nosotros/as	**somos**	*we are*	**estamos**	*we are*
vosotros/as	**sois**	*you are*	**estáis**	*you are*
ustedes ellos/ellas	**son**	*you are* *they are*	**están**	*you are* *they are*

Ser is used for fixed characteristics: **soy inglesa** *I'm English*; **es mi padre** *he's my father*; **son gemelos** *they're twins*; **es lunes** *it's Monday*.

Estar is used for location, physical/mental state, temporary characteristics and changed state: **está en el centro** *it's in the centre;* **están cansados** *they're tired*; **estoy emocionado** *I'm thrilled*; **está casado** *he's married*; **están rotos** *they're broken*; **está muerta** *she's dead.*

	poder	*to be able to*	**querer**	*to want*
yo	**puedo**	*I can*	**quiero**	*I want*
tú	**puedes**	*you can*	**quieres**	*you want*
usted él/ella	**puede**	*you can* *he/she can* *it can*	**quiere**	*you want* *he/she wants* *it wants*
nosotros/as	**podemos**	*we can*	**queremos**	*we want*
vosotros/as	**podéis**	*you can*	**queréis**	*you want*
ustedes ellos/ellas	**pueden**	*you can* *they can*	**quieren**	*you want* *they want*

Poder, querer and the regular **deber** *must* are known grammatically as **modal verbs**, followed by a verb in the infinitive:

Puedo ir mañana. *I can go tomorrow.*
Sofía quiere conducir. *Sofía wants to drive.*
Debéis esperar aquí. *You must wait here.*

	tener	*to have*	**hacer**	*to do/make*
yo	**tengo**	*I have*	**hago**	*I do*
tú	**tienes**	*you have*	**haces**	*you do*
usted él/ella	**tiene**	*you have he/she has it has*	**hace**	*you do s/he/it does*
nosotros/as	**tenemos**	*we have*	**hacemos**	*we do*
vosotros/as	**tenéis**	*you have*	**hacéis**	*you do*
ustedes ellos/ellas	**tienen**	*you have they have*	**hacen**	*you do they do*

Tener is used for age as well as possession:
tengo un billete *I have a ticket*
tiene diez años *she's ten years old*

	ir	*to go*	**venir**	*to come*
yo	**voy**	*I go*	**vengo**	*I come*
tú	**vas**	*you go*	**vienes**	*you come*
usted él/ella	**va**	*you go he/she goes it goes*	**viene**	*you come he/she comes it comes*
nosotros/as	**vamos**	*we go*	**venimos**	*we come*
vosotros/as	**vais**	*you go*	**venís**	*you come*
ustedes ellos/ellas	**van**	*you go they go*	**vienen**	*you come they come*

	dar	*to give*	**decir**	*to say*
yo	**doy**	*I give*	**digo**	*I say*
tú	**das**	*you give*	**dices**	*you say*
usted él/ella	**da**	*you give s/he/it gives*	**dice**	*you say s/he/it says*
nosotros/as	**damos**	*we give*	**decimos**	*we say*
vosotros/as	**dais**	*you give*	**decís**	*you say*
ustedes ellos/ellas	**dan**	*you give they give*	**dicen**	*you say they say*

wordpower

You can dramatically increase your Spanish by knowing how English and Spanish words relate to each other. The spelling of some might not be identical but the meaning becomes clear when you say them. Others look similar written down but sound different as they have the stress in a different part of the word (underlined below).

nouns

Here are some of the endings to look out for:

🇬🇧	🇪🇸	
-ism	-ismo	altruismo, racismo, sexismo
-ist	-ista	feminista, terrorista, turista
-nce	-ncia	distancia, influencia, paciencia
-nt	-nte	detergente, elefante, presidente
-ologist	-ólogo	cardiólogo, patólogo, psicólogo
-sion	-sión	impresión, ocasión, pasión
-tion	-ción	condición, emoción, promoción
-ction	-cción	acción, instrucción, reacción
-ty	-dad	cualidad, identidad, posibilidad
-y	-ía/ia	María, autonomía, industria, urgencia

Many English nouns are used routinely in Spanish, particularly relating to sport e.g. **fútbol, gol, corner, golf**; business e.g. **marketing, newsletter, deadline, brainstorming**; and technology e.g. **internet, PC, tablet, blog, software, hardware, streaming, wifi, clic**. Some are pronounced very differently though: **wifi** is said wee-fee. Not all technology-related words are English: *to download* is **descargar**, *user name and password* are **nombre de usuario y contraseña**, *keyboard* is **teclado**, while both **ratón** and **mouse** are used for *mouse*.

Not all Spanish nouns mean what they appear to mean: **carpeta** means *file/folder*, *carpet* is **alfombra**; **campo** means *field*, *camp* is **campamento**; **delito** means *crime*, *delight* is **encanto**; **discusión** means *argument*, *discussion* is **conversación**; **éxito** means *success* while *exit* is **salida** and **suceso** means *event/happening*; **fábrica** means *factory*, *fabric* is **tela**; **ganga** means *a bargain*, *gang* is **banda**; **librería** means *bookshop*, *library* is **biblioteca**; **parientes** means *relatives*, *parents* is **padres**; **ropa** means *clothes*, *rope* is **cuerda**; **vaso** is *glass*, *vase* is **jarrón**.

adjectives

It's possible to describe and comment simply but effectively by using **ser** and **estar** with the many adjectives that are identical or very similar in English and Spanish.

🇬🇧   ▬

-al   **-al**, with the stress on **-al**
Tú eres especial. *You are special.*
¡Es excepcional … fenomenal! *It's exceptional … phenomenal!*
La zona industrial está al norte. *The industrial zone is to the north.*

-ble   **-ble**, with the stress on the vowel before **-ble**
Es inevitable/intolerable. *It's inevitable/intolerable.*
No es posible. *It's not possible.*   **Es imposible.** *It's impossible.*
Esto no es reciclable. *This isn't recyclable.*

-ic(al)   **-ico**, with the stress on the syllable before the ending
Soy alérgico al gluten. *I'm allergic to gluten.*
Mi hija es asmática. *My daughter is asthmatic.*
Son típicos de la Ciudad de México. *They're typical of Mexico City.*

-nt   **-nte**, with the stress on **-ante/-ente**
Es muy importante; ¡es urgente! *It's very important; it's urgent!*
Sois tan pacientes. *You're (all/both) so patient.*
El ruido es persistente. *The noise is persistent.*

-ous   **-oso**, with the stress on **-oso**
Usted es muy generoso. *You're very generous.*
La paella está deliciosa. *The paella's delicious.*
Son proyectos ambiciosos. *They're ambitious projects.*

As with nouns, not all adjectives mean what they appear to mean: **actual** means *current*, *actual* is **real**; **bizarro** means *brave*, *bizarre* is **estrafalario** and **bravo** means *fearless/rough*; **casual** means *random/chance*, *casual* is **informal**; **constipado** means *having a cold*, *constipated* is **estreñido**; **embarazada** means *pregnant*, *embarrassed* is **avergonzado**; **eventual** means *possible* or *temporary*, *eventual* is **final**; **largo** means *long*, *large* is **grande**; **sensible** means *sensitive*, *sensible* is **sensato**; **simpático** means *nice* or *pleasant*, *sympathetic* is **compasivo**.

Test your grammar knowledge with our online quiz at www.bbcactivelanguages.com/SpanishGrammarQuiz

verbs

The majority of Spanish verbs end in -**ar** and a great many of them are easy to recognise as they're so similar to their English equivalent. In many cases it's simply a case of adding -**ar** or replacing -*e* or-*ate* with -**ar**. However, there's an important difference in the position of the stress. In English verbs the stress varies from word to word: *imitate*, *imagine*, *control*, and it never moves from there. Spanish verbs follow normal stress patterns (page 6), so the stress is always on the final syllable in the infinitive: **imit*ar***, **imagin*ar***, **contro*lar***, but not with other endings.

Verbs that are similar to their English translations include:

-ar

acelerar	aceptar	anticipar	calcular
celebrar	comparar	confirmar	instalar
fotografiar	identificar	insultar	organizar
presentar	separar	terminar	verificar

-er

absorber	aprehender	corresponder	depender
extender	ofender	resolver	responder

-ir

abolir	admitir	decidir	contribuir
convertir	existir	insistir	invadir
omitir	permitir	persuadir	preferir

Verbs that don't mean what they appear to mean include:

asistir a *to attend*	*to assist* is **ayudar**
chocar *to collide, clash*	*to choke* is **ahogar, sofocar**
confrontar *to compare*	*to confront* is **enfrentar**
contestar *to answer*	*to contest* is **disputar**
decepcionar *to disappoint*	*to deceive* is **engañar**
disgustar *to upset*	*to disgust* is **repugnar**
grabar *to record, engrave*	*to grab* is **coger**
pretender *to claim*	*to pretend* is **fingir**
rapar *to shave, cut short*	*to rape* is **violar**
realizar *to achieve, make real*	*to realise* is **darse cuenta**
suceder *to happen*	*to succeed* is **tener éxito**
recordar *to remember*	*to record* is **grabar**

top ten essentials

1 Describing and commenting:
   ¡Es **magnífico!** *It's superb!*
   No es **aceptable.** *It isn't acceptable.*

2 Talking about what's available:
   Hay **mucho tráfico.** *There's a lot of traffic.*
   No hay **agua.** *There's no water.*
   ¿Hay **testigos?** *Are there witnesses?*

3 Talking about having:
   Tengo **una bici.** *I've got a bike.*
   ¿No tienes **dinero?** *Don't you have any money?*
   Tenemos **una pregunta.** *We have a question.*

4 Asking what things are:
   ¿Qué es **esto?** *What is this?* ¿Qué son? *What are they?*
   ¿Cómo **se dice ... en español?** *How do you say ... in Spanish?*

5 Asking where things are:
   ¿Dónde está **la entrada/la salida?** *Where is the exit/entrance?*
   ¿Dónde están **las llaves?** *Where are the keys?*

6 Saying what you like:
   (No) me gusta **esquiar.** *I (don't) like skiing.*
   (No) me gustan **estas gafas.** *I (don't) like these glasses.*

7 Saying you would like (to do) something:
   Quisiera/Quería **una respuesta.** *I'd like a reply.*
   Quisiera/Quería **responder.** *I'd like to reply.*

8 Saying/asking if you have to do something:
   ¿Debo **explicar?** *Do I have to/Must I explain?*
   Debemos **salir.** *We must/have to leave.*

9 Saying/asking if you can do something:
   ¿Puedo **bajar por esta calle?** *Can I go down this road?*
   Podemos **volver mañana.** *We can come back tomorrow.*

10 Asking somebody to do something:
   ¿Puede **repetir, por favor?** *Please could you say that again?*
   ¿Puede **hablar más despacio?** *Could you speak more slowly?*
   ... **estoy aprendiendo español.** *I'm learning Spanish.*

Spanish–English glossary

This glossary contains all the words and phrases, and their meanings, as they occur in this book. Verbs are given in the form in which they occur, usually followed by the infinitive in brackets. Adjectives are given in their masculine form.

A

a to, at, in
a ver let's see
abierto open
abolir to abolish
abre (abrir) (it) opens
abril April
abrir to open
la abuela grandmother
el abuelo grandfather
el aceite (de oliva) (olive) oil
la aceituna olive
aceptable acceptable
la acogida welcome
la actividad activity
actual current
acuático aquatic
acuerdo: de acuerdo OK; agreed
adiós goodbye
administrativo administrative
aeróbico aerobic
las afueras outskirts
agosto August
el agua (f) water
ahora now
ahora mismo right now; straightaway
el ajo garlic; al ajillo cooked with garlic
al (a + el) to the; at the; in the
el albergue juvenil youth hostel
alemán German
Alemania Germany
alérgico allergic
algo something; anything
¿algo más? anything else?

alguno some
allí there
alto high; tall
ambicioso ambitious
americano American
la amiga female friend
el amigo male friend
la amistad friendship
el andén platform
el año year
aparcar to park
el apartamento apartment; flat
el apellido surname
aprender to learn
aproveche: ¡Que aproveche! Enjoy your meal!
aquí here; por aquí nearby
aquí mismo right here
el árbol tree
el área (f) area
Argentina Argentina
argentino Argentinian
el/la arquitecto/a architect (m/f)
el arroz rice
el artículo article
asado roast
asistir a to attend
asmático asthmatic
la aspirina aspirin
atender to deal with
el atún tuna
Australia Australia
australiano Australian
el autobús bus; coach
la avenida avenue
ayudar to help
el ayuntamiento town hall

el azafrán saffron
el azúcar sugar

B

bajar to get off (bus, train); to go down
bajo low; la planta baja ground floor
el banco bank
el baño bath
el bar bar
barato cheap
la barra stick; barra de pan baguette
básico basic
el batido milkshake
beber to drink
la bebida drink
Bélgica Belgium
el besugo sea bream
la bici bike
bien well
el billete (travel) ticket
la biodiversidad biodiversity
bizarro brave
el bocadillo sandwich
el bolso handbag
bonito pretty
el boquerón fresh anchovy
la botella bottle
bravo fearless; fierce
la bronquitis bronchitis
buenas noches good evening; goodnight
buenas tardes good afternoon; good evening
buenísimo very good
bueno good
buenos días good morning

C

la cabeza head
el café coffee
el calamar squid
la calle street
la camarera waitress
el camarero waiter
el cambio change;
exchange rate; el cambio
climático climate change
el campo field
Canadá Canada
canadiense Canadian
la capital capital city
el capital money
los carbohidratos
carbohydrates
la carne meat
caro expensive
la carpeta file; folder
la carta menu
la casa house; vino de la
casa house wine
casado married
el castellano Castilian
language
casual random, chance
el catalán Catalan
language; a la catalana
Catalan style
la catedral cathedral
la cebolla onion
el céntimo cent (100 =
1 euro)
el centro centre
cerca near, nearby; cerca
de aquí near here
el cerdo pork
cerrado closed
cerrar to close
la cerveza beer
el chalet detached house
el champiñón mushroom
charlar to chat
el chino Chinese; en
chino in Chinese
chocar to collide; to clash
el chocolate chocolate;

cocoa
la chuleta chop
la ciencia science
cierra (cerrar) (it) closes
el cigarro cigarette
el cine cinema
la ciudad town; city
clásico classical
el coche car
la cocina kitchen; cuisine
el/la colega colleague
(m/f)
el colegio school
comer to eat
la comida food
la comisaría police
station
¿Cómo es? (ser) What's
it like?
¿Cómo estás? (estar)
How are you?
¿cómo? how?; what?
completo full
comprender to
understand
con with
el concepto concept
conducir to drive
la conexión connection
la consideración
consideration
constipado having a cold
la contabilidad
accountancy
el/la contable
accountant (m/f)
contestar to answer
la contraseña password
el corazón heart
el cordero lamb
correr to run
cortar y pegar to cut and
paste
costar to cost
la costumbre custom
la crema (para el sol)
(sun) cream
la crisis crisis
la cruz cross

¿cuál? which?; what?
¿cuándo? when?
¿Cuánto cuesta(n)?
(costar) How much does
it (do they) cost?
¿Cuánto es? (ser) How
much is it?
¿cuánto? how much?
¿cuántos? how many?
el cuarto quarter
el cubalibre rum and coke
cuesta (costar) (it) costs
cuestan (costar) (they)
cost
el cumpleaños birthday
el curso course

D

da (dar) give; Me da
Could you give me
dar to give
de from; of
De nada You're welcome
deber to have to
decepcionar to
disappoint
decidir to decide
decir to say
la decisión decision
dejar to leave
del (de + el) of the; from
the
delicada delicate
delicioso delicious
el delito crime
el/la dentista dentist
(m/f)
el departamento
department
depender to depend
el/la dependiente/a
salesperson (m/f)
los deportes sports
la derecha right; a la
derecha on the right
descargar to download
descubrir to discover
desde from; since
desea (desear) you want;

¿Qué desea? Can I help you?

desear to want; to wish

despacio slowly

el día day

diciembre December

el diente tooth

difícil difficult

Dígame Hello (answering the phone)

Dinamarca Denmark

el dinero money

la dirección address

directo direct

la discoteca club

la discusión argument

discutir to discuss

el/la diseñador/a designer (m/f)

disgustar to upset

la división division

divorciado divorced

el dolor pain

el domingo Sunday

¿dónde? where?

el dormitorio bedroom

la ducha shower

E

económico economic

la edad age

el edificio building

el ejercicio exercise

él he

el (m) the

el/la electricista electrician (m/f)

ella she

ellos/ellas (m/f) they

embarazada pregnant

emocionado thrilled

la empresa firm; company

en in; on; at

Encantado/a Pleased to meet you

enero January

el/la enfermero/a nurse (m/f)

enfrente (de) opposite

¡Enhorabuena! Congratulations!

la ensalada mixta mixed salad

la entrada entrance; (entrance) ticket

los entremeses starters

el/la entrenador/a trainer/coach (m/f)

el equipaje luggage

eres (ser) you are

es (ser) he/she/it is; you are

escocés Scottish

Escocia Scotland

esconder to hide

escribir to write

la escuela school

el espacio space

España Spain

español Spanish

especial special

la especialidad speciality

especializado specialising

esperar to wait for

esquiar to ski

está (estar) he/she/it is; you (formal) are

esta (f) this

ésta (f) this one

la estación station

los Estados Unidos United States (of America)

el estanco tobacconist's

estar to be

estás (estar) you are

estas (f pl) these

este (m) this

el este east

éste (m) this one

el/la esteticista beautician (m/f)

el estilo style

estos (m pl) these

estoy (estar) I am

la estrella star; el hotel de cinco estrellas five-star hotel

el/la estudiante student (m/f)

eventual possible; temporary

evitar to avoid

excepcional exceptional

la excursión excursion

el éxito success

explicar to explain

exquisito delicious

F

la fábrica factory

falso false

la familia family

la farmacia chemist's shop

favor: por favor please

febrero February

fenomenal phenomenal

el filete steak

el final end; al final de at the end of

el flan crème caramel

la fotografía photograph; photography

el/la fotógrafo/a photographer (m/f)

francés French

Francia France

la fresa strawberry

frío cold

frito fried

la fruta fruit

fuerte strong

el futuro future

G

unas gafas a pair of glasses

las gafas de sol sunglasses

galés Welsh

gallego Galician

la gamba prawn

la ganga bargain

el garbanzo chickpea

los gemelos twins
generoso generous
el gluten gluten
el/la golfista golfer (m/f)
gótico gothic
grabar to record; to engrave
gracias thanks; thank you
el gramo gram
los grandes almacenes department store
grande big
gratis free
Grecia Greece
el grupo group
guardar to save (file)
la guerra war
la guía guide; guía de carreteras road map
guisado stewed
gusta (gustar): Me gusta I like (it); ¿Le gusta? Do you (formal) like (it)?
gustan (gustar): Me gustan I like (them) ¿Le gustan? Do you like (them)?
gustar to like
el gusto taste
gusto: Mucho gusto Pleased to meet you

H

haber to have (talking about past)
la habitación room
el habitante inhabitant (m/f)
habla (hablar) he/she speaks; you (formal) speak
hablar to speak
hablas (hablar) you speak
hace ago
hace (hacer) he/she does; you (formal) do
hacer to do; to make

haces (hacer) you do
el hambre hunger
hasta until
Hasta luego See you later
hay there is; there are
el helado ice cream
la hermana sister
el hermano brother
la hija daughter
el hijo son
los hijos sons; children
Hola Hello
Holanda Holland
el hombre man
la hora hour, time; ¿A qué hora? At what time?
el horno oven; al horno baked
el hospital hospital
el hostal small hotel; hostel
el hotel de cinco estrellas 5-star hotel
hoy today

I

ida: (billete) de ida single (ticket); de ida y vuelta return (ticket)
importante important
imposible impossible
imprimir to print
incorporar to incorporate
el ingeniero engineer
Inglaterra England
inglés English
el ingrediente ingredient
la innovación innovation
interesante interesting
invitar to invite
ir to go
Irlanda Ireland
irlandés Irish
Italia Italy
italiano Italian
la izquierda left; a la izquierda on the left

J

el jamón ham
las judías blancas haricot beans
el jueves Thursday
jugar to play (sport)
julio July
junio June

K

el kilo kilogram

L

la (f), las (f pl) the
largo long
la lata tin; can
la leche milk
lejos far
el lenguado sole
la libra esterlina pound sterling
libre unoccupied
la librería bookshop
el libro book
el limón lemon
el litro litre
llama (llamarse): ¿Cómo se llama? What's his/her name?; What's your (formal) name?
llamar to call; to phone
llamarse to be called
llamas (llamarse): ¿Cómo te llamas? What's your name?
llamo (llamarse): Me llamo My name is
la llegada arrival
llegar to arrive
local local
Londres London
los (m pl) the
el lunes Monday

M

la madre mother
madrileño of/ from Madrid
magnífico magnificent; superb

la magnitud magnitude
la maleta suitcase
mañana morning, tomorrow; de la mañana in the morning
mañana por la mañana tomorrow morning
la mantequilla butter
la manzana apple
el mapa map
el marido husband
el marisco seafood; shellfish
el martes Tuesday
marzo March
más more
el material material
mayo May
la media pensión half board
el/la médico/a doctor (m/f)
medio half; (las dos) y media half past (two, etc)
Medio Oriente Middle East
los mejillones mussels
mejor better
el melocotón peach
el melón melon
el menú menu
la merluza hake
la mesa table
el metro underground; metro
mi my
mí me
el miércoles Wednesday
mil thousand
el minuto minute
mirar to look at; to watch
mixta mixed
mucho much
Mucho gusto Pleased to meet you
muchos many

muerto dead
la mujer wife
el museo museum
la música music
musulmán Muslim
muy very; muy bien very good

N

la nacionalidad nationality
nada nothing
Nada más Nothing else
nada: De nada You're welcome
nadar to swim
la naranja orange
la nariz nose
la nata cream
náutico nautical
la Navidad Christmas
necesario necessary
ninguno none; not any
no no; not
la noche night
el nombre name; first name
el nombre de usuario user name
el norte north
norteamericano American
Noruega Norway
noviembre November
el número number

O

o or
octubre October
el oeste west
la oficina office
la oficina de turismo tourist office
ofrecer to offer
¡Oiga! Listen! (to attract attention)
el ojo eye
olvidar to forget
Oriente Medio Middle East

P

paciente patient (adj)
el padre father
los padres parents
la paella dish of rice, seafood and vegetables
pagar to pay
el país country
País de Gales Wales
el palacio palace
el pan bread
el Papa Pope
la papa potato
el paquete packet
para for; to
el parador nacional state-owned historical hotel
el paraíso paradise
los parientes relatives
el parque park
el pasaporte passport
el pastor minister (religion)
la patata potato
la paz peace
pedir to ask for
la pensión completa full board
pequeño small
Perdón / Perdone Excuse me
perfecto perfect
el periódico newspaper
persistente persistent
Perú (m) Peru
peruano Peruvian
el pescado fish
el pez espada swordfish
el pie foot; a pie on foot
el pimiento pepper (vegetable); a la pimienta with pepper
la piña pineapple
el/la pintor/a painter (m/f)
la piscina swimming pool
el piso flat, apartment

plancha: a la plancha grilled

la planta floor; la planta baja ground floor

el plátano banana

el plato plate, dish; course

la playa beach

la plaza square

podemos (poder) we can

poder to be able to

el pollo chicken

poner to put

póngame (poner) give me (a kilo, etc.)

por by; through

por aquí nearby

por favor please

por supuesto of course

posible possible

la postal postcard

el postre dessert

el precio price

la pregunta question

el premio prize

preparar to prepare

pretender to claim

primero first; de primero for first course

la primera a la derecha the first on the right

principiante beginner (adj)

el/la profesor/a teacher (mf)

prometer to promise

la propina tip

protegido protected

la provincia province

próximo next

el proyecto project

el/la publicista advertising agent (m/f)

el pueblo village; small town

puede (poder) he/she can; you (formal) can; se puede one can

puedes (poder) you can

puedo (poder) I can

pues well; then

Q

que which; that

¿qué? what

querer to want

quería (querer) I'd like

el queso cheese

quien who

el quiosco newsagent's

quisiera (querer) I'd like

R

la ración portion

rapar to shave; to cut short

rápido quick; fast

el ratón mouse

realizar to achieve; to make real

la receta recipe

reciclable recyclable

reciclado recycled

recordar to remember

el refresco soft drink

la región region

repetir to repeat

reservado reserved; booked

reservar to reserve; to book

responder to reply

la respuesta reply

el restaurante restaurant

el retraso delay

la revista magazine

romana: a la romana cooked in batter

romper to break

la ropa clothes

roto broken

el ruido noise

S

el sábado Saturday

saber to know (how to)

sale (salir) he/she/it

leaves; you (formal) leave

la salida departure; exit

salir to depart

la sandía watermelon

la sardina sardine

sé (saber): No sé I don't know

el/la secretario/a secretary (m/f)

secreto secret

seguir to follow; to continue

segundo second; de segundo for the second course

el sello stamp

la semana week

el señor Mr; man; sir

la señora Mrs; woman; madam

los señores Mr and Mrs

sensible sensitive

sentir to feel

septiembre September

ser to be

la serie series

servir to serve

siento (sentir): Lo siento I'm sorry

siga (seguir): siga todo recto go straight on

el siglo century

simpático nice; pleasant

sin without

la situación situation

sobre on; over

la sobremesa table talk

soltero single; unmarried

la solución solution

la sopa soup

sorprender to surprise

el sorteo lottery

soy (ser) I am

su his/her/its; your (formal)

suceder to happen

el suceso event;

happening
Suecia Sweden
Suiza Switzerland
el supermercado supermarket
el sur south
sustentable sustainable
sustituir to substitute

T

también also; too
tan so
la tarde afternoon, evening; de la tarde in the afternoon, evening
la tarjeta card
la tarjeta de crédito credit card
la tarta tart; cake
el té tea
el teatro theatre
el teclado keyboard
técnico technical
la tecnología technology
el teléfono telephone; phone number
la televisión television
la temporada season
temporada alta/baja high/low season
tenemos (tener) we have
tener to have
tengo (tener) I have
tengo que I have to
la ternera veal
el/la testigo/a witness (m/f)
tiempo: del tiempo in season; seasonal
la tienda shop
tiene (tener) he/she/it has; you (formal) have
tiene que (tener) he/she has to; you (formal) have to

tienes (tener) you have
tinto: el vino tinto red wine
típico typical
las tiritas plasters
tocar to play (instrument)
todo all; everything; todo recto straight on
tomar to take; to have (to eat)
el tomate tomato
tome (tomar) take
la tortilla Spanish omelette
toser to cough
trabajar to work
tradicional traditional
el tráfico traffic
tranquilo tranquil
transbordo: hacer transbordo to change (trains, etc)
el tren train
tu your
tú you (informal singular)
el turrón traditional Christmas sweet

U

un, una a/an; one
urgente urgent
usted you (formal singular)
ustedes you (formal plural)

V

va (ir): ¿Qué va(s) a tomar? What'll you have?
la vaca beef; cow
las vacaciones holidays
¡Vale! OK!
la variedad variety

varios several
vasco Basque
el vaso glass
la vejez old age
el/la vendedor/a sales assistant (m/f)
venir to come
ver to see
¿verdad? isn't it? aren't you? doesn't she? etc
verdadero true
las verduras green vegetables
el vermú vermouth
la vez occasion; una vez once; dos veces twice
viajar to travel
el/la viajero/a passenger
la vida life
el viernes Friday
el vinagre vinegar
el vino wine
el vino de la casa house (wine)
la vista view
vivir to live
volver to come back
vosotros you (informal plural)
voy (ir): voy a tomar I'll have
la voz voice
vuelta: (el billete) de ida y vuelta return (ticket)

Y

y and
yo I
el yogur yoghurt

Z

la zanahoria carrot
la zona zone
el zumo juice

English–Spanish glossary

A

a/an un; una
able: to be able to poder
to abolish abolir
acceptable aceptable
accountancy la contabilidad
accountant el/la contable
to achieve realizar
activity la actividad
address la dirección
administrative administrativo/a
advertising agent el/la publicista
aerobic aeróbico
afternoon la tarde; in the afternoon de la tarde; por la tarde
age la edad
ago hace
all todo
allergic alérgico/a
also también
ambitious ambicioso/a
American americano/a; norteamericano/a
anchovy el boquerón
and y
to answer contestar
anything algo; anything else? ¿algo más?
apartment el piso; el apartamento
apple la manzana
April abril
aquatic acuático
architect el/la arquitecto/a
area el área (f)
Argentina Argentina
Argentinian argentino/a
argument la discusión
arrival la llegada

to arrive llegar
article el artículo
to ask for pedir
aspirin la aspirina
to assist ayudar
asthmatic asmático/a
at en; a
at the al (a + el)
to attend asistir a
August agosto
Australia Australia
Australian australiano/a
avenue la avenida
to avoid evitar

B

baked al horno
banana el plátano
bank el banco
bar el bar
bargain la ganga
basic básico/a
Basque vasco/a
bath el baño; la bañera
battered (food) a la romana
to be estar; ser
to be able poder
to be called llamarse
beach la playa
beautician el/la esteticista
bedroom el dormitorio
beef la carne de vaca
beer la cerveza
beginner (adj) principiante
Belgium Bélgica
better mejor
big grande
bike la bici; la moto
biodiversity la biodiversidad
birthday el cumpleaños
bizarre estrafalario/a
book el libro

to book reservar
booked reservado/a
bookshop la librería
bottle la botella
brave bizarro/a
bread el pan
bread: French stick/baguette la barra de pan
to break romper
broken roto/a
bronchitis la bronquitis
brother el hermano
building el edificio
bus el autobús
butter la mantequilla
by por

C

cake; tart el pastel; la tarta
to call llamar
can (container) la lata
Canada Canadá
Canadian canadiense
capital (city) la capital
capital (money) el capital
car el coche
carbohydrate el carbohidrato
card la tarjeta
carpet la alfombra
carrot la zanahoria
Castilian language el castellano
casual informal
Catalan language el catalán; Catalan style food (a la) catalana
cathedral la catedral
cent (100 = 1 euro) el céntimo
centre el centro
century el siglo
change el cambio

to change (trains, etc)
hacer transbordo
to chat charlar
cheap barato/a
cheese el queso
chemist's la farmacia
chicken el pollo
chickpea el garbanzo
children los hijos
Chinese chino/a
chocolate el chocolate
to choke (on food)
ahogar; sofocar
chop la chuleta
Christmas la Navidad
cigarette el cigarro
cinema el cine
city la ciudad
to claim pretender
classical clásico/a
climate change el
cambio climático
to close cerrar
closed cerrado/a
clothes la ropa
club la discoteca
coach el autocar;
el autobús (transport);
el/la entrenador/a
(sports)
cocoa el chocolate
coffee el café
cold el frío; having a
cold estar constipado/a;
estar resfriado/a
colleague el/la colega
to collide; to clash
chocar
to come venir
to come back volver
company (firm) la
empresa
to compare comparar
computer el ordenador
concept el concepto
to confront enfrentar
Congratulations!
¡Enhorabuena!

connection la conexión
consideration la
consideración
constipated estreñido/a
to contest disputar
to control controlar
to cost costar
to cough toser
country el país
course el curso
course (food) el plato
cream la nata
cream (sun) la crema
(para el sol)
credit card la tarjeta de
crédito
crème caramel el flan
crime el delito
crisis la crisis
cross la cruz
cuisine la cocina
current actual
custom la costumbre
to cut and paste cortar
y pegar

D
daughter la hija
day el día
dead muerto/a
to deal with encargarse
de; ocuparse de; lidiar
con
to deceive engañar
December diciembre
to decide decidir
decision la decisión
delay el retraso
delicate delicado/a
delicious delicioso/a
Denmark Dinamarca
dentist el/la dentista
to depart salir
department el
departamento
department store los
grandes almacenes
departure la salida
to depend depender

designer el/la
diseñador/a
dessert el postre
difficult difícil
direct directo/a
to disappoint
decepcionar
to discover descubrir
to disgust repugnar
division la división
divorced divorciado/a
to do hacer
doctor el/la médico/a
to download descargar
drink la bebida
to drink beber
to drive conducir

E
east el este
to eat comer
economic económico/a
electrician el/la
electricista
embarrassed
avergonzado/a
end el final; at the end of
al final de
engineer el/la
ingeniero/a
England Inglaterra
English inglés / inglesa
Enjoy your meal! ¡Que
aproveche!
entrance la entrada
evening la tarde
event el suceso
eventual final
everything todo
excellent excelente
exceptional excepcional
exchange rate la tasa de
cambio
excursion la excursión
Excuse me Perdón /
Perdone
exercise el ejercicio
exit la salida
expensive caro/a
to explain explicar

eye el ojo

F

fabric la tela
factory la fábrica
false falso/a
family la familia
far lejos
fast rápido/a
father el padre
February febrero
to feel sentir
field el campo
file la carpeta
firm (company) la empresa
first primer / primero (m) / primera (f)
first course primer plato
fish el pescado
five-star hotel el hotel de cinco estrellas
flat (apartment) el piso; el apartamento
floor la planta
to follow seguir
food la comida
foot el pie; on foot a pie
for para
to forget olvidar
France Francia
free gratis
French francés / francesa
Friday el viernes
fried frito/a
friend el/la amigo/a
friendship la amistad
from de; desde
from the del (de + el)
fruit la fruta
full completo/a
full board la pensión completa
future el futuro

G

Galician gallego/a
gang la banda
garlic el ajo; with garlic al ajillo

generous generoso/a
German alemán / alemana
Germany Alemania
to get off (bus, train) bajar
to give dar
give me (a kilo, etc.) póngame (poner)
glass el vaso
glasses las gafas; a pair of glasses unas gafas
gluten el gluten
to go ir
to go down bajar
to go out; to leave salir
go straight on siga todo recto (seguir)
golfer el/la golfista
good bueno/a
good afternoon; good evening buenas tardes
good evening; goodnight buenas noches
good morning buenos días
goodbye adiós
gothic gótico/a
to grab coger
gram el gramo
grandfather el abuelo
grandmother la abuela
Greece Grecia
grilled a la plancha
ground floor la planta baja
group el grupo
guide el/la guía

H

hake la merluza
half medio/a
half board la media pensión
half past (two, etc) (las dos) y media
ham el jamón
handbag el bolso
to happen suceder

haricot beans las judías blancas
to have tener
to have (to eat) tomar
to have to tener que; deber
he él
head la cabeza
heart el corazón
Hello Hola
Hello (answering the phone) Dígame
to help ayudar
help: Can I help you? ¿Qué desea?
her su
here aquí; right here aquí mismo
to hide esconder
high alto/a
high season temporada alta
his su
holidays las vacaciones
Holland Holanda
hospital el hospital
hostel el hostal
hotel el hotel
hour la hora
house la casa
house (detached) el chalet
How are you? ¿Cómo estás? (estar)
how many? ¿cuántos?
how much? ¿cuánto?
How much does it (do they) cost? ¿Cuánto cuesta(n)? (costar)
How much is it? ¿Cuánto es? (ser)
how?; what? ¿cómo?
hunger el hambre
husband el marido

I

I yo
ice cream el helado
to imagine imaginar

to imitate imitar
important importante
impossible imposible
in en
to incorporate incorporar
ingredient el ingrediente
inhabitant el habitante (m/f)
innovation la innovación
interesting interesante
to invite invitar
Ireland Irlanda
Irish irlandés / irlandesa
Italian italiano/a
Italy Italia
its su

J

January enero
juice el zumo
July julio
June junio

K

keyboard el teclado
kilogram el kilo
kitchen la cocina
to know; to know how to saber

L

lamb el cordero
large grande
to learn aprender
to leave (something) dejar; (a place) partir
left la izquierda; on the left a la izquierda
lemon el limón
library la biblioteca
life la vida
to like gustar; Do you (informal/formal) like (it)? ¿Te/Le gusta? Listen! (to attract attention) ¡Oiga! (oír)
litre el litro
to live vivir
London Londres

long largo/a
to look at mirar
lottery la lotería
low bajo/a
low season temporada baja
luggage el equipaje

M

Madrid style / inhabitant madrileño/a
magazine la revista
magnificent magnífico/a
magnitude la magnitud
to make hacer
man el hombre; el señor
many muchos/as
map el mapa
March marzo
married casado/a
material el material
May mayo
me mí; me
meat la carne
melon el melón
menu la carta; el menú
metro; underground (trains) el metro
Middle East Medio Oriente / Oriente Medio
milk la leche
milkshake el batido
minister (religion) el pastor
minute el minuto
mixed mixta/o
mixed salad la ensalada mixta
Monday el lunes
money el dinero
more más
morning la mañana; in the morning de la mañana; por la mañana
mother la madre
mouse el ratón; el mouse (computer)
Mr el señor
Mr and Mrs los señores

Mrs la señora
much mucho/a
museum el museo
mushroom el champiñón
music la música
Muslim musulmán
mussels los mejillones
my mi

N

name: first name el nombre
name: My name is Me llamo (llamarse)
name: surname el apellido
nationality la nacionalidad
nautical náutico/a
near, nearby cerca; near here cerca de aquí
nearby por aquí
necessary necesario/a
newsagent's el quiosco
newspaper el periódico
next próximo/a
nice simpático/a
night la noche
no no
noise el ruido
none; not any ninguno/a
north el norte
Norway Noruega
nose la nariz
not no
nothing nada
nothing else nada más
November noviembre
now ahora; right now ahora mismo
number el número
nurse la/el enfermera/o

O

occasion la vez
October octubre
of de
of course por supuesto
of the del (de + el)

to offer ofrecer
office la oficina
oil (olive) el aceite (de oliva)
OK!; all right ¡Vale!; de acuerdo
old age la vejez
olive la aceituna
omelette (Spanish omelette) la tortilla
on en; sobre
once una vez
one un / una
onion la cebolla
to open abrir
open abierto/a
opposite enfrente (de)
or o
orange la naranja
outskirts las afueras
over sobre
to owe deber

P

packet el paquete
pain el dolor
painter el/la pintor/a
palace el palacio
paradise el paraíso
parents los padres
park el parque
to park aparcar
passenger el/la viajero/a
passport el pasaporte
password la contraseña
patient (calm) paciente
to pay pagar
peace la paz
peach el melocotón
pepper (vegetable) el pimiento; with pepper a la pimienta
perfect perfecto/a
persistent persistente
Peru Perú (m)
Peruvian peruano/a
phenomenal fenomenal
to phone llamar (por teléfono)
phone number el teléfono

photograph la fotografía
photographer el/la fotógrafo/a
photography la fotografía
pineapple la piña
plasters las tiritas
plate; dish el plato
platform el andén
to play (instrument) tocar
to play (sport) jugar
pleasant simpático/a
please por favor
Pleased to meet you Mucho gusto; Encantado/a
police station la comisaría
Pope el Papa
pork carne de cerdo
portion la ración
possible posible
postcard la postal
potato la patata; la papa
pound sterling £ la libra esterlina
prawn la gamba
pregnant embarazada
to prepare preparar
to pretend fingir
pretty bonito/a
price el precio
to print imprimir
prize el premio
project el proyecto
to promise prometer
protected protegida/o
province la provincia

Q

quarter el cuarto
question la pregunta
quick rápido/a

R

random casual
to rape violar
to realise darse cuenta de

recipe la receta
to record grabar
recyclable reciclable
recycled reciclado/a
red rojo/a; red wine el vino tinto
region la región
relatives los parientes
to remember recordar
to repeat repetir
reply la respuesta
to reply responder
to reserve reservar
reserved; booked reservada/o
restaurant el restaurante
return (ticket) (el billete) de ida y vuelta
rice el arroz
right la derecha; on the right a la derecha
right here aquí mismo
right now ahora mismo
road map la guía de carreteras
roast asado/a
room la habitación
rope la cuerda
to run correr

S

saffron el azafrán
sales assistant el/la vendedor/a
salesperson el/la dependiente/a
sandwich el bocadillo
sardine la sardina
Saturday el sábado
to save (file) guardar
to say decir
school la escuela; el colegio
science la ciencia
Scotland Escocia
Scottish escocés / escocesa
sea bream el besugo

seafood el marisco
season la temporada
seasonal del tiempo; de temporada
second segundo/a;
second course segundo plato
secret secreto/a
secretary el/la secretario/a
to see ver; let's see a ver
See you later Hasta luego
sensible sensato/a
sensitive sensible
September septiembre
series la serie
to serve servir
several varios
to shave rapar; afeitarse
she ella
shellfish el marisco
shop la tienda;
shop assistant el/la dependiente/a
shower la ducha
since desde
single (ticket) (el billete) de ida
single; unmarried sole el lenguado soltero/a
sister la hermana
situation la situación
to ski esquiar
slowly despacio
small pequeño/a
small hotel el hostal
so tan
soft drink el refresco
solution la solución
some alguno/a
something algo
son el hijo
soup la sopa
south el sur
space el espacio
Spain España
Spanish español /

española
to speak hablar
special especial
specialising especializado/a
speciality la especialidad
sports los deportes
square la plaza
squid el calamar
stamp el sello
star la estrella
starters los entremeses
station la estación
steak el filete
stewed guisado/a
stick la barra
straight on todo recto
straightaway ahora mismo
strawberry la fresa
street la calle
strong fuerte
student el/la estudiante
style el estilo
to substitute sustituir
to succeed tener éxito
success el éxito
sugar el azúcar
suitcase la maleta
Sunday el domingo
sunglasses las gafas de sol
superb estupendo/a; magnífico/a
supermarket el supermercado
surname el apellido
to surprise sorprender
sustainable sustentable
Sweden Suecia
to swim nadar
swimming pool la piscina
Switzerland Suiza
swordfish el pez espada
sympathetic compasivo/a

T
table la mesa
table talk la sobremesa

tablet (IT) la tableta
tablet (pill) la pastilla
to take tomar
tall alto/a
tart; cake la tarta; el pastel
taste el gusto
tea el té
teacher el/la profesor/a
technical técnico/a
technology la tecnología
telephone el teléfono
television la televisión
temporary eventual
thanks; thank you gracias
the el (m), la (f), los (m pl), las (f pl)
theatre el teatro
then (at that time) entonces
there allí
there is; there are hay
these estos (m pl), estas (f pl)
they ellos (m), ellas (f)
this este (m), esta (f)
this one éste (m), ésta (f)
thousand mil
thrilled emocionado/a
through por
Thursday el jueves
ticket (entrance) la entrada
ticket (travel) el billete
time la hora; el tiempo
time: At what time…? ¿A qué hora…?
tin (container) la lata
tip la propina
to a
to the al (a + el)
tobacconist's el estanco
today hoy
tomato el tomate
tomorrow mañana;
tomorrow morning mañana por la mañana
too también

tooth el diente
tourist office la oficina de turismo
town (small) el pueblo
town hall el ayuntamiento
town; city la ciudad
traditional tradicional
traffic el tráfico
train el tren
trainer el/la entrenador/a
tranquil tranquilo/a
to travel viajar
tree el árbol
true verdadero/a
Tuesday el martes
tuna el atún
twice dos veces
twins gemelos; gemelas
typical típico/a

U

underground trains; metro el metro
to understand comprender; entender
United States of America (USA) Estados Unidos
unmarried; single soltero/a
unoccupied libre
until hasta
to upset disgustar
urgent urgente
user name el nombre de usuario/a

V

variety la variedad
vase el jarrón
veal la ternera
vegetables las verduras
vermouth el vermú
very muy
very good muy bueno/a; buenísimo/a
view la vista
village el pueblo
vinegar el vinagre
voice la voz

W

to wait for esperar
waiter el camarero
waitress la camarera
Wales País de Gales
to want querer
war la guerra
to watch mirar
water el agua
watermelon la sandía
weather el tiempo
Wednesday el miércoles
week la semana
welcome la acogida
Welcome! ¡Bienvenido/a!
well bien
well then pues
Welsh galés /galesa
west el oeste
what ¿qué?; qué
What'll you (formal/informal) have? ¿Qué va(s) a tomar? (ir)
What's his/her name? ¿Cómo se llama?
What's your name? ¿Cómo se llama? / ¿Cómo te llamas? (formal/informal singular)
What's it like? ¿Cómo es? (ser)
when? ¿cuándo?
where? ¿dónde?
which, that que
which?; what? ¿cuál?
who quien
wife la mujer
wine el vino; house wine vino de la casa
to wish; to want desear
with con
without sin
witness el/la testigo
woman la señora
to work trabajar
to write escribir

Y

year el año
yoghurt el yogur
you (informal singular) tú; (informal plural) vosotros; (formal singular) usted; (formal plural) ustedes
You're welcome De nada
your su; tu
youth hostel el albergue juvenil

Z

zone la zona